二十四史

马上读
语文历史都进步

第十一册

《辽史》《金史》《元史》

李海杰　主编

北京理工大学出版社
BEIJING INSTITUTE OF TECHNOLOGY PRESS

版权专有　侵权必究

图书在版编目（CIP）数据

二十四史马上读：语文历史都进步：函套共12册/李海杰主编. —北京：北京理工大学出版社，2023.10

ISBN 978-7-5763-2413-6

Ⅰ. ①二… Ⅱ. ①李… Ⅲ. ①二十四史－青少年读物 Ⅳ. ①K204.1-49

中国国家版本馆CIP数据核字（2023）第097057号

出版发行 / 北京理工大学出版社有限责任公司
社　　址 / 北京市丰台区四合庄路 6 号
邮　　编 / 100070
电　　话 / （010）68944451（大众售后服务热线）
　　　　　（010）68912824（大众售后服务热线）
网　　址 / http://www.bitpress.com.cn
经　　销 / 全国各地新华书店
印　　刷 / 唐山富达印务有限公司
开　　本 / 880毫米×1230毫米　1 / 32
印　　张 / 77.75　　　　　　　　　　　　　　责任编辑 / 钟　博
字　　数 / 1236千字　　　　　　　　　　　　 文案编辑 / 钟　博
版　　次 / 2023年10月第1版　2023年10月第1次印刷　责任校对 / 刘亚男
定　　价 / 398.00元（全12册）　　　　　　　　　　　责任印制 / 施胜娟

图书出现印装质量问题，请拨打售后服务热线，本社负责调换

目录

辽史

太祖本纪 / 003
◎ 阿保机的神奇预言

太宗本纪 / 009
◎ 梦断中原的契丹皇帝

圣宗本纪 / 015
◎ 盛世辽朝的开创者

耶律大石列传 / 021
◎ 称雄中亚的末世枭雄

太祖淳钦皇后述律氏列传 / 027
◎ 果敢断腕的开国皇后

景宗睿智皇后萧氏列传 / 033
◎ 传奇的草原女政治家

耶律曷鲁列传 / 039
◎ 辽太祖的"心臣"

耶律屋质列传 / 045
◎ 历经五朝的名臣

耶律隆运列传 / 051
◎ 辽朝第一汉臣

耶律斜轸列传 / 057
◎ 令宋军闻之胆寒的一代名将

耶律乙辛列传 / 062
◎ 从寒门到权倾朝野的奸臣

金史

太祖本纪 / 071
◎ 金朝开国皇帝

太宗本纪 / 077
◎ 灭辽灭北宋的皇帝

世宗本纪 / 083
◎ 金朝的"尧舜之君"

完颜宗翰列传 / 089
◎ 金朝开国第一名将

完颜宗望列传 / 095
◎ 怀柔平敌国的菩萨太子

完颜宗弼列传 / 101
◎ 出将入相的一代名将

张浩列传 / 107
◎ 明哲保身的五朝老臣

仆散忠义列传 / 113
◎ 战功赫赫的皇亲国戚

完颜陈和尚列传 / 119
◎ 百年金朝唯养一人

元好问列传 / 125
◎ 承前启后的一代文豪

元史

太祖本纪 / 133
◎ 一代天骄成吉思汗

太宗本纪 / 139
◎ 横扫亚欧的铁血大汗

宪宗本纪 / 144
◎ 扭转乱局的大汗

世祖本纪 / 149
◎ 元朝的开国帝王

顺帝本纪 / 155
◎ 元朝的末代皇帝

伯颜列传 / 161
◎ 德才兼备的名将

脱脱列传 / 167
◎ 元朝的末代贤相

耶律楚材列传 / 173
◎ 开章立制，谋定天下

张弘范列传 / 179
◎ 文武兼备的将帅之才

刘秉忠列传 / 185
◎ 心怀天下的一代国士

许衡列传 / 191
◎ 德高望重的一代大儒

郭守敬列传 / 197
◎ 实践出真知的科学家

赵孟頫列传 / 203
◎ 书画双绝的皇室后裔

辽史

辽史

  《辽史》由元朝末年丞相脱脱等人主持编撰,与《宋史》《金史》同时,全书共一百一十六卷,包括本纪三十卷、志三十二卷、表八卷、列传四十五卷、国语解一卷,是记录契丹族建立的辽朝的纪传体断代史。《辽史》记录从辽太祖耶律阿保机建国到天祚(zuò)帝耶律延禧败亡(907—1125年)共两百一十八年的历史,兼及耶律大石建立的西辽。《辽史》成书仓促,依据的史料很少,因此记载简略,存在不少缺陷,但列表较多,弥补了某些不足,简要地叙述了整个朝代发生的事情,是现存比较系统、完善地记录辽朝历史的著作,是十分宝贵的历史资料。

脱脱

  脱脱(1314—1356年),亦作托克托、脱脱帖木儿,蔑里乞氏,字大用,蒙古蔑儿乞部(今鄂尔浑河流域与色楞格河一带)人,元朝末年政治家、军事家。

  脱脱幼年聪慧,臂力过人,有大将之才。他长大后向名儒学习,接受了许多儒家文化,善书画,书法刚毅有力。他自十五岁开始担任官职,于1340年担任宰相。1343年四月,他开始主持修撰《辽史》,于第二年三月完成。1356年,脱脱被政敌逼迫,饮鸩自尽,享年四十三岁。

太祖本纪

> 耶律阿保机(872—926年),契丹族,名亿,字阿保机,契丹迭剌部霞濑益石烈乡耶律弥里(今内蒙古自治区赤峰市一带)人,契丹族的杰出首领。他统一了契丹各部,建立辽朝,死后庙号太祖。

● 阿保机的神奇预言

耶律阿保机的出生充满了奇异,先是他的母亲梦见太阳坠到了怀中,从而有了身孕,出生时又神光异香缭绕,耶律阿保机生下来就像三岁孩子那么大。耶律阿保机的祖母非常喜爱他,并亲自抚养他。

到了三个月大,耶律阿保机就能说话。随着他渐渐长大,他也越来越聪颖。当时,他的伯父执掌契丹部落的权力,遇到什么军机大事,都来询问年幼的耶律阿保机,而他每次都能正确回答。

▲ 耶律阿保机组建禁军

　　长大之后的耶律阿保机文武双全，不但腹有韬略，而且武艺高强，能拉开三百斤重的弓。他建立了一支禁卫亲军，凭借着这支军队战胜了小黄室韦、越兀、乌古等小部落，立下赫赫战功。

　　耶律阿保机的伯父被杀后，他继承了伯父的于越（地位仅次于可汗，相当于中原王朝的宰相）职位；907年正月，他又成为契丹可汗。

　　耶律阿保机的弟弟们也觊觎（jì yú）可汗之位，发动了叛乱，这就是历史上有名的"诸弟之乱"。耶律阿保机总是能提前得知叛乱的消息,从而化解危机。

对待反叛的弟弟们,第一次,耶律阿保机带他们登到山上,进行盟誓,饶恕了他们;第二次,耶律阿保机举行了烧柴告天的仪式,又原谅了他们;等到第三次,耶律阿保机忍无可忍,带兵打败了他们,稳固了自己的地位。

当时正是唐末五代,中原地区军阀割据,最大的军阀是后梁太祖朱温和晋王李克用。耶律阿保机利用后梁太祖和李克用的明争暗斗获取利益,他先和李克用结盟,两人约为兄弟。

不久,耶律阿保机看到后梁太祖的实力更大,兵马铺天盖地,幡然毁约,又和后梁太祖结盟。英雄一世的李克用竟活活被气死。但是,耶律阿保机却利用这种三方角逐、双重结盟的关系,为契丹赢得了稳定发展的环境。

916年,耶律阿保机建立契丹国,自称皇帝,是为辽太祖。在治理国家方面,辽太祖颁布法律,制定官爵,为了缓和国内契丹族和汉族的矛盾,他别具心裁地实施了两套官制:一套用契丹族的官员管理契丹人,一套用汉族官员管理汉族人。辽太祖自己也通晓汉语,重用汉族官员,国家被治理得越发强大了。

辽太祖知道南面的中原地区虽然混乱,但是还没有实力打败他们，于是想统一北方地区。924年，他突然召集群臣说："人生各有天命，三年后的秋天我就会得到我的天命，但是还有两件事需要做完，以满足我的心愿。啊呀，岁月真是不多了，我们要努力啊！"他的这一番话，把群臣吓了一大跳。

辽太祖的第一件事就是亲率军队，攻打突厥、吐谷浑、党项等部，使契丹的势力向北到达了乌孤山（今蒙古国肯特山），最西到达了今阿尔泰山一带。

925年冬天，辽太祖又说："两件事已经完成了一件，另外一件事就是渤海国是我们的世仇，我怎么能按兵不动呢？"于是马不停蹄带领军队去攻打它。

战争进行得非常顺利，到926年春天，辽太祖攻灭了渤海国，把它改名为东丹国，让皇太子耶律倍任东丹王，契丹国的势力范围拓展到了渤海沿岸。

辽太祖还没来得及班师回朝，便住在扶余府（今吉林省农安县）。当时是七月，一天晚上，从天空坠落下来一颗大星，第二天，先是黄龙出现，然后黑气缭绕，辽太祖驾崩，时年五十五岁。他三年之前的预言应验了。

辽太祖经过多年征战，统一了北方各部，建立了幅员广阔的契丹王朝。

辽史·太祖本纪

经典原文与译文

【原文】姓耶律,讳亿,字阿保机。……初,母梦日堕怀中,有娠。及生,室有神光异香,体如三岁儿,即能匍匐。祖母简献皇后异之,鞠为己子。……三月能行;晬(zuì)而能言,知未然事。自谓左右若有神人翼卫。虽龆龀(tiáo chèn),言必及世务。时伯父当国,疑辄咨焉。——摘自《辽史·卷一》

【译文】辽太祖姓耶律,名亿,字阿保机。……起先,他的母亲梦见太阳坠入自己怀中,于是怀孕。待到辽太祖出生之时,屋内有神光,异香环绕,其身体犹如三岁小儿,落地便能爬行。祖母简献皇后感到惊奇,把他当成亲生儿子抚养。……辽太祖三个月大时便能行走,满一百天便能说话,知道没有发生的事情,自称身边好像有神人护卫。在童年之时,辽太祖开口必涉及国家大事。当时他的伯父执掌国政,事有疑难便去向他咨询。

词语积累

恣行不道：恣，放纵，没有拘束。任意横行而不遵循规则。比喻人横行霸道、不遵法纪。

折枯拉朽：摧折枯朽的草木。形容轻而易举。比喻摧毁腐朽势力的强大气势。

太宗本纪

> 耶律德光（902—947年），契丹族，字德谨，小字尧骨，上京临潢府（今内蒙古自治区巴林左旗）人，辽太祖的二儿子，辽朝第二位皇帝，死后庙号太宗。

梦断中原的契丹皇帝

耶律德光从小就天资聪颖，相貌端庄厚重，性格宽厚仁慈，更为难得的是，随着年龄的增长，他身上逐渐展现出军事和政治方面的过人天赋，深得父亲辽太祖的喜爱，辽太祖将许多军国大事交给他来裁决。

922年，年仅二十一岁的耶律德光被任命为天下兵马大元帅，跟着父亲四处征战，攻破于厥里各部，平定河壖（ruán）党项，攻下山西各镇，夺取回鹘（hú）单于城，东平渤海国,击败达卢古部,东西万里,立下赫赫战功,为契丹奠定了塞北统一的大业。

926年,辽太祖崩逝,耶律德光在述律太后的支持下继承皇位,是为辽太宗。辽太宗生活的年代,正处于唐朝灭亡后的五代十国大分裂时期,各路藩镇割据势力你方战罢我登场,经常发生混战。

此时,契丹已经统一了北方,辽太宗雄心勃勃,想趁乱向南兼并,实现自己问鼎中原、称霸天下的梦想。为此,他一方面积极改革官制,鼓励农耕,发展生产,使国家的实力大大增强;另一方面趁着中原各派势力鹬蚌(yù bàng)相争,谋划渔翁得利。

辽太宗利用后唐末帝李从珂与河东节度使石敬瑭发生矛盾的时机,出兵扶持石敬瑭,成功灭掉了后唐,石敬瑭称帝,建立后晋,是为后晋高祖;作为交换,后晋高祖向辽太宗称"儿皇帝",并割让燕云十六州。

燕云十六州就是今天的北京以及天津、河北、山西的北部,这一带地势平坦,一马平川,是中原政权抵御北方游牧民族的天然屏障。辽太宗获得燕云十六州,从此撬开了中原民族的大门。

因为在燕云地区生活的都是汉人,而且人数众多,用契丹族的法律管理他们,显然不合时宜,于是辽太宗采取了"因俗而治"的方针，开创性地实施南北两面官制，分别治理汉人和契丹人。

后晋高祖死后，养子后晋少帝登基，拒绝继续向契丹称臣。这个举动正中辽太宗下怀，早就对中原虎视眈眈的他抓住这个借口，发兵南下讨伐后晋。

943年十二月，辽太宗御驾亲征，命令各位将领分路进军，一路势如破竹，后晋少帝一方面亲自出征，另一方面派使者与契丹和谈，同意割让河北诸州，辽太宗予以拒绝。

次年二月，契丹继续进攻，后晋的博州（今山东省聊城市）刺史、平卢军（今山东省东部）节度使先后投降。晋军遭受挫折后，积极组织进攻，先后两次挫败契丹。到三月份时，契丹将领终于发现了晋军的破绽，与辽太宗兵分两路，派出劲骑突破晋军的中军，晋军大败。

后晋不甘失败，一直伺机反攻，但始终没有采取实际行动。两年后，辽太宗使用欲擒故纵之计，先派出一名大将诈降，诱使后晋出兵。

后晋少帝不知是计，果然任命杜重威为统帅，带领晋军主力出战，契丹军队勇猛异常，杀死杜重威的前锋，趁胜大举进攻。杜重威贪生怕死，竟然放弃抵抗撤退。士气大振的契丹出奇兵截断晋军粮草，内外交困之下，心怀异志的杜重威挟持众将投降。

契丹一鼓作气攻入汴京（今河南省开封市），后晋少帝被迫投降，后晋灭亡。至此，辽太宗终于实现了进驻中原的梦想。

947年，辽太宗满心欢喜地在汴京称帝，以示自己成为中原之主，并改国号为"大辽"。然而，他下令各地长官搜刮民财，允许辽军"打草谷"劫掠百姓，激起了极大

▼ 辽太宗中原称帝

的民愤，各路武装纷纷抗击辽军。

辽太宗这才感到害怕，于是携带劫掠到的所有财物、降官、宫女等，仓皇逃走。在撤离途中，辽太宗染上热疾，医治无效，一命呜呼。此时距离他在中原称帝才四个月。

当时，远在辽朝京城的述律太后传来懿旨："生要见人，死要见尸。"辽太宗死时正值炎夏，保存尸体谈何容易？文武大臣和太医们无奈之下，遵照游牧民族保存牛羊肉的做法，将盐撒在尸体上，做成"羓（bā）"，也就是平常所说的腊肉。辽太宗也因此被后世戏称为"腊肉皇帝"。

辽太宗戎马一生，武功卓绝，使辽朝实力大增，但他攻破汴京后，不懂得施行仁政，以至于仓惶身死。一代枭雄如此遗憾退场，霸业成空，不禁让人唏嘘。

经典原文与译文

【原文】丁卯，召敬瑭至行在所，赐坐，上从容语之曰："吾三千里举兵而来，一战而胜，殆天意也，观汝雄伟弘大，宜受兹南土，世为我藩辅。"遂命有司设坛晋阳，备礼册命。——摘自《辽史·卷三》

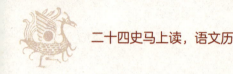

【译文】辽太宗天显十一年冬十月丁卯日,召石敬瑭来到皇帝所在地,赐坐,辽太宗从容地对他说:"我从三千里之外举兵而来,一次战斗就获胜,大概是天意了,看你雄伟弘大,应该接受这片南方的土地,世代作为我国的藩属。"于是命令有关官员在晋阳(今山西省太原市)设置祭坛,准备登基典礼及册封之事。

捧觞(shāng)上寿:觞,酒杯。举起酒杯敬酒,献上祝寿的话语。

辽史·圣宗本纪

圣宗本纪

> 耶律隆绪（972—1031年），契丹族，名文殊奴，祖籍上京临潢府（今内蒙古自治区巴林左旗），辽朝第六位皇帝，死后庙号圣宗。

● 盛世辽朝的开创者

耶律隆绪是辽景宗的长子，从小聪慧过人，博学多才，精通骑射，擅长音律，喜爱书画，十岁就能吟诗作对，汉文化修养很高。

耶律隆绪十二岁继承皇位，是为辽圣宗，尊母亲萧氏为皇太后，是为鼎鼎大名的萧太后。萧太后是杰出的政治家，胆识谋略过人。年少的辽圣宗跟着母亲不仅学习治国之道，也在东征西战中磨炼才干，渐渐成长为锐意进取、兼具文韬武略的仁圣之君。

辽圣宗二十六岁时，开始临朝听政，与萧太后一起决策国事。此后几年,辽军对南方的强敌宋朝发动了几次试探性进攻,均获得胜利。辽朝又大力扶持党项族首领李氏,让他们不断骚扰宋朝的西部边陲,极大地牵制了宋朝。

1004年,萧太后与辽圣宗倾尽全国的兵力,大举进攻宋朝,双方在澶州(今河南省濮阳市)对峙,最终,双方和谈成功。

1009年,摄政二十七年的萧太后病逝,三十九岁的辽圣宗正式亲政。辽圣宗对内完全延续了母亲的政策,使国家持续保持繁荣;对外则通过征伐来建立功勋、树立威信。

辽朝与宋朝建立和平关系之后,内部空前团结,国富民强,为辽圣宗东征西讨奠定了良好的基础。

辽圣宗派遣名将萧挞凛西征,萧挞凛不负所托,一手武力,一手怀柔,往西拓地几千里。西北地区的各部落相继归附,辽朝趁机筑城、移民、驻军,很好地加强了对当地的统治。

辽圣宗还亲率大军征讨高丽,一举攻占其京城。此后,辽军多次征讨高丽,迫使高丽脱离宋朝的控制,向辽朝纳贡称臣,稳定了东部疆土。

除了高丽,辽朝周边还生活着女真、阻卜、乌古、于厥部、迪烈得等众多小部落,它们经常与辽朝发生摩擦。为了防止它们发展壮大,威胁辽朝的统治,辽圣宗先后对它们发

▲ 辽圣宗征讨高丽

动了战争：击败阻卜并俘虏了其士兵，讨伐乌古并取得胜利，出战平定了于厥部，攻打迪烈得致使其头目出逃，把部众迁徙到内地安置。经过一系列战争，这些小部落再也无力抵抗，只好臣服辽朝，连年进贡。至此，辽朝的疆域变得空前辽阔。

自从萧太后定策，与宋朝缔结盟誓之后，辽圣宗继续致力于巩固双方的和平关系。宋真宗驾崩，辽圣宗悲痛大哭，不仅为他设置御灵，建道场，还让皇后写信给宋真宗的皇后刘娥联络感情，辽朝人的名字与宋真宗的名字有相同的字，犯了名讳的，都要求他们改名以示尊重。直到临死前，辽圣宗还告诫即位的儿子要信守和平承诺。正是辽圣宗的努力，奠定了宋辽两国长达百余年的和平。

辽圣宗亲政之后，大力改革政治、整顿吏治，加大对贪官的打击力度，又学习宋朝的制度，制定了官员考核办法，奖励清官、循吏，抑制阿谀奉承的风气。

因为辽圣宗坚持赏罚严明，所以朝廷上涌现出一批名臣，如能干正直、质朴无华的张俭，安抚百姓、断案如神的邢抱朴，直言进谏、不顾自身的马得臣，善于治民的耶律海里，镇抚边陲、战功卓著的萧挞凛等，他们使从朝廷到地方的风气很正。

辽朝虽然从辽太宗时起实施因地制宜的分而治之政策，但制定的法律对汉人和契丹人的规定仍然很不平等，在各方面均给予契丹人特权。

比如汉人与契丹人斗殴，法律对两者的处罚就十分不同，从而使民族矛盾非常突出。辽圣宗说："汉人和契丹人都是我的子民，应该一视同仁啊！"于是废除了这些不平等的条款，大大缓和了民族矛盾，促进了民族的融合。

此外，辽圣宗还下令解放奴隶，并制定法令禁止主人擅自杀死奴婢。有一位公主违反法律，擅自杀了无罪的奴婢，一向不把奴隶当人的贵族们以为只是小事，谁也没有放在

辽史·圣宗本纪

心上，没想到辽圣宗将公主降为县主，一时之间，王公贵族受到震撼，无人敢再犯，奴隶的生存权利得到了一定的保障。奴隶们获得自由后，生产积极性大大提高，进一步促进了经济繁荣。

1031年，辽圣宗因病去世，终年六十岁。辽圣宗在位四十九年，其中亲政二十二年，将辽朝带入全盛时期，成为我国古代为数不多庙号带"圣"字的皇帝，这反映了后人对他的肯定。

经典原文与译文

【原文】癸未，宋复遣曹利用来，以无还地之意，遣监门卫大将军姚柬之持书往报。戊子，宋遣李继昌请和，以太后为叔母，愿岁输银十万两，绢二十万匹。许之，即遣阁（hé）门使丁振持书报聘。——摘自《辽史·卷十四》

【译文】辽圣宗统和二十二年十二月癸未日，宋朝再次派遣曹利用前来，因为宋朝没有归还土地的意思，辽圣宗派遣监门卫大将军姚柬之携带国书回报宋朝。戊子日，宋朝派遣李继昌请求和谈,宋真宗称萧太后为叔母,愿意每年输送十万两白银、二十万匹绢给辽朝。辽圣宗同意了此事,立即派遣阁门使丁振携带国书回访宋朝。

大射柳服:契丹官服,在举行瑟瑟礼射柳时穿着。

覃(tán)恩:广施恩泽。多用于称帝王对臣民的封赏、赦免等。

耶律大石列传

> 耶律大石（1087—1143年），契丹族，字重德，上京临潢府（今内蒙古自治区巴林左旗）人，西辽开国皇帝，死后庙号德宗。

● 称雄中亚的末世枭雄

耶律大石是辽太祖的八世孙，自幼爱好学习，擅长骑射，精通辽宋两朝文字，还考中过进士，成为唯一一个记载于史书的契丹族进士，堪称文武全才。

按照常规，像耶律大石这样出身帝胄（zhòu）又颇具才干的人，一般会顺利地成长为朝廷的股肱之臣，为国家建功立业。

然而，当时的辽朝已是风雨飘摇的末世光景，国内政治腐败，皇室忙于内斗，外部南有宋朝一直伺机收复燕云十六州，北有崛起的女真族建立的金朝虎视眈眈，这让心怀大志的耶律大石十分苦闷。

1122年,金朝大举侵辽,胆小的天祚(zuò)帝耶律延禧吓得马上逃跑,失去音信。没有皇帝,朝中几股势力各怀鬼胎,为了稳定局面,耶律大石和大臣们商议后,拥立天祚帝的堂叔为帝,史称北辽。

北辽皇帝命令耶律大石镇守南京(今北京市),防御北宋。宋朝得知金军南下,马上派出十万大军巡视边关,想趁机夺回燕云地区。耶律大石面对人数众多的宋军,拒不投降,坚决抵抗,先后两次大败北宋。怎奈北线辽军无力对抗如日中天的金朝,北辽就此灭亡。

耶律大石无奈,只得率军投奔天祚帝,天祚帝谴责他擅立新君。耶律大石说:"陛下身为一国之主,没有抵抗敌军,抛下国家逃跑,而且音信全无。辽朝到了危急存亡的关头,这个时候立太祖的子孙暂时当皇帝,总比去乞求别人饶命好吧?"天祚帝自知理亏,只好接纳了他。

一年多后,天祚帝想与金军决战,耶律大石认为国家元气大伤,丢失了大片富饶的土地,最好能暂避锋芒,好好休养,等待时机再打,但天祚帝坚持出战。

耶律大石深感失望,终于明白天祚帝无法完成复兴大业,甚至有可能因为嫉贤妒能而加害自己,于是果断带领两百人连夜往西逃走,到达西北军事重镇可敦城(今蒙古国土拉河上游)。

果然,耶律大石走后仅半年,天祚帝兵败被俘,辽朝灭亡。

可敦城驻扎着一支戍边的辽军,有两万多精锐骑兵,战马数十万匹,由于地处遥远,未受战火殃及。在这里,耶律大石发挥了一个出色政治家卓越的口才,他饱含深情,痛陈国土丧失,君王被俘的耻辱;表达了歼灭仇敌,恢复领土,解救君父和生民的决心。可敦城的将士们被打动了,纷纷表示要追随耶律大石。就这样,耶律大石收编了这支精兵,设置文武百官,组建了一个基本政权。

耶律大石休养生息,争取西夏、南宋的支持,不断袭扰金朝。他最终发现,金朝正处于强盛阶段,自己很难与之抗衡,便决定向西发展。他首先给西边的高昌回鹘(hú)(今新疆维吾尔自治区吐鲁番市一带)的首领写信,回忆两族邦交的悠久历史,希望能借道往西。首领收到书信,立即迎接耶律大石入境,热情款待之后,又恭送他出境。后来,耶律大石成功在叶密立城(今新疆维吾尔自治区额敏县)站稳脚跟,并在众人拥戴下称帝,是为辽德宗,史称西辽。

▲ 耶律大石建立西辽

辽德宗称帝后，开始积极运用军事与外交手段，频频攻城略地。

经过多番争战，西辽在中亚地区再无对手，疆域也变得空前辽阔。

1143年，五十七岁的辽德宗逝世。辽德宗虽然没有收复辽朝的故土，但他以一己之力，使辽朝延续了将近一百年，将中国文化进一步向外传播，为中国与中亚经济文化交流做出了不朽贡献。

经典原文与译文

【原文】 天祚怒诛德妃而责大石曰:"我在,汝何敢立淳?"对曰:"陛下以全国之势,不能一拒敌,弃国远遁,使黎民涂炭。即立十淳,皆太祖子孙,岂不胜乞命于他人耶?"上无以答,赐酒食,赦其罪。——摘自《辽史·卷三十》

【译文】 天祚帝生气地诛杀了萧德妃而责备耶律大石说:"我还在,你怎么敢拥立耶律淳?"耶律大石回答说:"陛下以全国的力量,丝毫不能抵抗敌军,抛弃国家逃到远方,使得生灵涂炭。即便拥立十个耶律淳,他们也都是太祖的子孙,难道不胜过向他人乞命吗?"天祚帝无言以对,赏赐耶律大石酒食,赦免了他的罪过。

词语积累

播越：流亡。

蒙尘：蒙受风尘。指美好的事物遭到埋没。古时候常比喻帝王失位而逃亡在外。

辽史·太祖淳钦皇后述律氏列传

太祖淳钦皇后述律氏列传

> 述律平（879—953年），回鹘（hú）人，字月理朵，出生于契丹右大部（今内蒙古自治区克什克腾旗），辽太祖的皇后，辽代女政治家，死后谥号淳钦皇后。

● 果敢断腕的开国皇后

述律平是辽太祖耶律阿保机姑姑的女儿，按照当时的传统，耶律部落和述律部落通婚，述律平十四岁的时候嫁给二十岁的表哥耶律阿保机。

后来，辽太祖担任本部落酋长，开始东征西讨。述律平擅长谋略，经常给辽太祖出谋划策，还能带兵打仗，因此辽太祖征战的时候总是将她带在身边。

有一次，辽太祖率兵跨过沙漠远征，述律平负责留守，室韦族两个部落趁机前来抢劫，述律平果断率军进攻，击败室韦人,从此名震北方各族。

907年,在契丹八部首领的推举下,辽太祖担任可汗。按照传统,可汗由契丹八部的酋长共同商议选拔产生,每隔三年重新选拔一次。辽太祖能征善战,能力过人,立下很多战功,因此一口气连任三届可汗。

辽太祖担任可汗期间,注意重用汉人,因此身边的汉人谋士建议他效仿汉族皇位世袭制,以巩固政权,将契丹发展壮大。

辽太祖渐渐萌生将选举制改为终身世袭制的想法,述律平十分支持。他们的行为很快引发不满,其他七部贵族趁机合作劫持了辽太祖,迫使他辞去可汗之位。

辽太祖愤愤不平,想要重新夺回可汗之位,与述律平商量对策,述律平想出了一个一劳永逸的主意。因为其他七部需要向辽太祖的部落购买盐铁,彼此之间常有来往,所以辽太祖便邀请七部酋长前来宴饮,将众人聚集到一起。

就在大家都喝得醉醺醺,宴会氛围达到高潮时,辽太祖一声令下,早已埋伏好的士兵一拥而上,拿出武器一顿乱砍,毫无还手之力的酋长们全部被清除。

就这样,通过述律平安排的鸿门宴,辽太祖不费一兵一卒,统一了契丹八部,成为契丹的开国皇帝。立下奇功的述律平被封为皇后,继续辅佐辽太祖。

辽太祖崩逝后,述律平摄政。为了铲除异己,控制朝政,从而达到更换储君,册立自己喜欢的次子耶律德光为帝的目的,她大开杀戒,杀了许多大臣,在朝堂上掀起血雨腥风,美其名曰为辽太祖殉葬。

有一个大臣不想死,述律平质问他:"你作为先帝的亲近之人,为什么不殉葬?"这个大臣说:"跟我们比起

▼ 述律平断腕,震慑群臣

来，与先帝最亲近的人莫过于太后，如果太后先殉葬，臣也一定殉葬。"述律平辩解说："不是我不想随先帝而去，实在是孩子还小，国家无主，这样吧，我砍断一只手腕，让它先代替我陪伴先帝。"说完，挥刀砍断一只手腕。满朝文武被震慑住，再也不敢违逆她。

述律平见控制住了局面，便下令太子和耶律德光一起乘马来到宫帐前，对部下说："这两个儿子我都非常看重，但不知道立谁为帝，你们愿意选择哪位就为他执辔（pèi）吧！"众人都知道述律平不喜欢太子，均选择为耶律德光执辔。就这样，耶律德光顺利上位，而曾经的太子被迫流亡他国。

辽太宗一直想入主中原，述律平表示反对，说："你现在虽然得到了汉地，却无法稳住局面，万一失败的话，后悔就晚了。"

辽太宗执意进入汴京称帝，随后果然遭到了激烈反抗，仓促退兵，在途中重病而亡。消息传来，早已料到这个结局的述律平没有哭泣，只是冷静地说："等到诸部安定如故就厚葬吧。"

辽朝的高官贵族想到辽太祖驾崩时，很多人被迫殉葬，为了避免重蹈覆辙，他们在辽太宗病逝的第二天，迅速拥戴前太子的儿子继位，是为辽世宗。

辽史·太祖淳钦皇后述律氏列传

一心想要自己的小儿子当皇帝的述律平听到消息,立刻以"讨逆"之名派兵讨伐。她的这位小儿子才能平庸,被打得大败而归。愤怒的述律平亲自整顿兵马,要和自己的亲孙子决战。

眼看战争一触即发,有一位贵族挺身而出,劝说述律平:"一位是太后的儿子,一位是太后的孙子,不管谁当政,都是至亲骨肉,国家并没有落入外人之手,又何必如此执着,搞得国家不得安宁呢?"述律平理亏,只好暂时妥协。

不甘心失败的述律平很快又反悔,不满意孙子辽世宗当皇帝,仍然顽固地想要册立自己的小儿子,甚至谋划发动政变夺权。但此时她的势力大不如前,还没开始行动就被人告密,辽世宗果断先下手,将祖母幽禁起来,失去权力的述律平此后再也无法参与朝政。

953年,述律平去世。述律平一生能谋善断,用过人的智慧和手段辅助丈夫和儿子,为辽朝的统一大业立下了功勋。

经典原文与译文

【原文】尝至辽、土二河之会,有女子乘青牛车,仓卒避路,忽不见。未几,童谣曰:"青牛妪(yù),曾避路。"盖谚谓地祇为青牛妪云。太祖即位,群臣上尊号曰地皇后。——摘自《辽史·卷七十一》

【译文】述律平曾经到辽河、土河的交汇处,有女子乘坐青牛车,仓猝间避路而去,忽然间消失不见。不久,童谣说:"青牛妪,曾避路。"因为民谚有说地神是青牛妪的意思,所以辽太祖继位后,群臣为她献上尊号为"地皇后"。

主少国疑:主,君主;国,国人。君主年少刚刚即位,人心疑惧不安。

蹉跌(cuō diē):失足跌倒。比喻失误。

景宗睿智皇后萧氏列传

> 萧绰（953—1009年），契丹族，小字燕燕，出生于南京析津府（今北京市平谷区），辽景宗的皇后，杰出的政治家、改革家，死后谥号睿智皇后。

● 传奇的草原女政治家

萧绰是辽朝大臣萧思温的女儿，她从小就表现出过人的智慧，做任何事情都井井有条，而且性格坚韧，办事利索，哪怕一些小事也不例外。

有一次，萧绰与姐妹们一起扫地，这些出身高贵的女孩子当然不会认真做家务，只当作游戏，随便玩一下就结束了，只有萧绰独自仔细地完成清扫。萧思温感叹说："这个女儿将来必定能成大器。"从此对她更加宠爱。

萧思温很受辽景宗重用，萧绰便顺理成章地嫁给辽景宗为贵妃，后来晋升为皇后。辽景宗体弱多病，由萧皇后辅助理政。萧皇后集思广益，善于听取各方意见，知人善用，把国家大事处理得非常好，使辽朝的综合实力大大增强。

辽景宗越来越信任萧皇后，后来干脆宣布她的地位与自己等同，赋予她独立处理日常政务的大权，自己听听通报即可，对于萧皇后做出的决定，辽景宗也极少反对。

辽景宗甚至召集史官，让他们在记录皇后言论的时候，用"朕""予"这类皇帝专用的称谓，并且将这一条作为法令严格执行，实际上给了萧皇后代行皇帝职权的权力。就这样，萧皇后的政务处理能力越来越成熟。

982年，辽景宗病逝，年幼的梁王耶律隆绪继位，是为辽圣宗，尊萧皇后为皇太后，执掌朝政，便是鼎鼎大名的萧太后。

萧太后首先想到的是主少国疑，各宗室亲王都有兵权，随时可能发动政变，而辽朝的南部边境也不稳定，随时有与宋朝开战的可能。如何保住性命、如何不让辽朝发生内乱，以及如何解决边防问题，是摆在萧太后面前的三大难题。

萧太后首先找到忠于自己的大臣，流泪请求他们的帮助，在她的诚心感召下，众臣纷纷安慰她，立誓效忠。

紧接着，萧太后在各个重要职位上都安排自己的亲信；

同时,为防止宗亲联合发动政变,她下令宗室"各王回到自己府邸后,不允许私下里互相会见";此外,她还将各宗亲的亲属召到宫中为人质,就此解决了宗族造反的问题,迅速稳定了朝政。

南方的宋朝一直想找机会夺回燕云十六州,这时,宋太宗收到报告说辽朝皇帝年幼,国家大事由太后决定,而太后过度宠信某个大臣,他们国家的人对此都有所诟病。宋太宗认为这是进攻辽朝的好机会,于是派出三路大军,发动大规模北伐,意图一举扫平辽朝。

面对宋军猛烈的攻势,萧太后亲自带领辽圣宗驻扎在南京(今北京市),首先派兵迎战东路宋军,打得他们连夜渡河撤退,溺死者不计其数。辽军继续进攻残部,又杀死数万人,宋军丢弃的铠甲堆积得像丘陵一样高。西路宋军也乱了章法,抗辽名将杨业被活捉。杨业绝食而死,萧太后下令割下他的头颅传送到边关,辽军士气大振。

宋军的心理防线就此被打破,不仅没有守住之前攻占的城池,而且全线溃败,辽军大获全胜。这次战争,迫使宋朝对辽由战略进攻转为防御,萧太后的威望达到巅峰。

此后,辽、宋连续多次交战,胜多败少。为了更有效地牵制宋朝,萧太后大力扶持西夏国主李继迁,册封他为夏国王,让他持续不断地骚扰宋朝西部边境,牢牢把控住了对宋朝的主动权。

经过萧太后多年的励精图治,辽朝吏治清明,经济发展,国力达到顶峰。1004年,萧太后与辽圣宗亲率大军南下,以收复失地为名,一路攻城拔寨,深入宋朝境内,一直打到澶(chán)州(今河南省濮阳市)。几天之后,

▼ 萧太后主导澶渊之盟

辽史·景宗睿智皇后萧氏列传

辽军一名大将中了宋军埋伏被射死,加上孤军深入,胜算已经不大,有大臣提议和谈,萧太后同意。

随后,宋真宗御驾亲征,到达澶州,宋军士气大振。此时形势对宋军有利,但是宋真宗无心恋战,希望通过和谈使辽朝退兵。

最终,辽宋达成协议,辽朝同意退兵,宋朝同意每年交纳十万两白银、二十万匹绢,辽圣宗与宋真宗结为兄弟,宋真宗称呼萧太后为叔母。这就是著名的"澶渊之盟"。

此后,宋辽没有发生过大战争,双方礼尚往来,互派使者,维持了长达百余年的和平。

1009年,萧太后将权力交还辽圣宗,结束了长达四十年的摄政生涯。萧太后不久病重逝世,终年五十七岁。萧太后成功辅佐两代君王,能谋善断,把辽朝带入欣欣向荣的发展轨道,不愧为杰出的政治家。

经典原文与译文

【原文】后泣曰:"母寡子弱,族属雄强,边防未靖,奈何?"耶律斜轸(zhěn)、韩德让进曰:"信任臣等,何虑之有!"于是,后与斜轸、德让参决大政。——摘自《辽

二十四史马上读，语文历史都进步

史·卷七十一》

【译文】萧太后哭泣着说："我们寡母幼子，宗族势力很强大，边界不安宁，怎么办呢？"耶律斜轸、韩德让进言说："太后信任我们，有什么可担心的呢？"于是，萧太后委任耶律斜轸、韩德让参与裁决大政。

 词语积累

闻善必从：听到好的建议必定会采纳。

边防未靖：靖，平安。边界不安定。

耶律曷鲁列传

> 耶律曷（hé）鲁（872—918年），契丹族，字控温，契丹迭剌部人，辽太祖的心腹重臣、辽朝开国二十一功臣之首。

● 辽太祖的"心臣"

耶律曷鲁与辽太祖是同族兄弟，两人年龄相仿、性格相投，经常一起畅谈天下大势，相约出游。

辽太祖的三伯父看到这两个胸怀大志、交情深厚的少年，常常感叹说："这两个孩子将来必成大器，能使我们家族兴盛壮大。"

两人长大后，友情依旧，他们互换裘服和马匹，结为好友，立誓一起开创一番大事业。耶律曷鲁信守承诺，一直忠心耿耿地陪伴在辽太祖身边。

有一次，辽太祖的堂哥杀了自己的父亲，辽太祖对耶律曷鲁说:"这个逆子杀害了自己的亲生父亲,肯定害怕我不能容忍他,只怕会反过来害我。我暂时和他保持现在的关系,但是咱们不能放松警惕,有朝一日我不会放过他。"这件事情之后,耶律曷鲁常常佩刀跟在辽太祖身边,寸步不离地保护。

后来,耶律曷鲁的父亲病重,告诫他说:"耶律阿保机有天授的神略,将来必定能干一番惊天动地的事业,你要带领众兄弟忠心侍奉他。"

不久,辽太祖前来探望,耶律曷鲁的父亲握着他的手说:"你有绝世之才,将来必然是人中龙凤。我常教育我的儿子要效忠于你,那时候他一定可以担当重任。"

耶律曷鲁不负父亲的厚望,慢慢跟随辽太祖参与族内事务。辽太祖素有大志,很了解耶律曷鲁的才能和抱负,每次讨论国家大事,都会问询他的意见,耶律曷鲁也从不辜负辽太祖的信任。耶律曷鲁伴随太祖征讨小黄室韦、越兀部、乌古部等部落,英勇善战,一马当先,多次立下战功。

后来,辽太祖讨伐奚部,遇到顽强抵抗。奚部依仗险阻修建工事,辽太祖久攻不下,派耶律曷鲁前去招降,耶律曷鲁毫不犹豫地拿着一根箭杆前往奚部,刚到达就被抓起来了。

耶律曷鲁单人游说奚部归降

耶律曷鲁丝毫不惧，对奚部首领说："契丹与奚部的语言相通，本来就是一家人，我们怎么会想要侵略你们呢？汉人杀了我们的祖先，是我们不共戴天的仇人。如果今天杀了我，导致咱们内部互相残杀，这不是国家之福啊。我们的首领以仁德治下，兵力强壮，顺从他是天命所归！"奚部首领见契丹的目的不是诛灭己部，又考虑到辽太祖兵力强大，继续打下去未必有胜算，权衡利弊后同意归顺。

后来，辽太祖想任命耶律曷鲁担任迭剌部的首领，耶律曷鲁竟然推辞了，辽太祖很意外，问他为什么。他说："现在你的身边并不太平，我不能离开，必须留下来保护你。"辽太祖深受感动。

906年，契丹可汗去世，留下遗命让辽太祖继位，大臣们奉命拥戴辽太祖，辽太祖坚决不肯继位，群臣非常为难，只好请求与辽太祖关系最近的耶律曷鲁劝说。

耶律曷鲁说："你有可汗的遗诏，这是名正言顺；你有天赐的神瑞，这是天命所归；你还有族人的拥戴，这是人心所向。如果你执意不同意，不仅违背天命和人心，还违抗了先可汗的旨意。"

在耶律曷鲁的苦劝之下，辽太祖终于同意继位，委任耶律曷鲁总揽军国事务。耶律曷鲁不负所托，在辽太祖的兄弟为争夺汗位发起"诸弟之乱"时出面平乱，巩固了政权。

此后，辽太祖册封耶律曷鲁为"于越"，位居百官之上，有人曾统计过，终辽朝两百一十年国运，仅有十人成为于越。耶律曷鲁又跟随辽太祖统一北方，多次担当前锋，英勇奋战，立下了汗马功劳。

918年，耶律曷鲁走到了生命的最后时刻，辽太祖前去探望，问他有什么心愿。耶律曷鲁说："如今北方已定，只有一件事我放心不下，那就是分散迭剌部的议案，希望能尽快实行。"不久后，耶律曷鲁去世，年仅四十七岁。消息传来，辽太祖伤心不已，流着泪说："我还有许多事需要他，他要是能再多帮我三五年，我们年少时的理想必定能实现。"

耶律曷鲁文才武略，德才兼备，为辽朝的建立及北方的统一鞠躬尽瘁，贡献了一生的心血，在辽朝的开国功臣中位居第一，因此被辽太祖比作自己的心。

经典原文与译文

【原文】太祖会李克用于云州，时曷鲁侍，克用顾而壮之曰："伟男子为谁？"太祖曰："吾族曷鲁也。"——

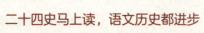

摘自《辽史·卷七十三》

【译文】辽太祖在云州（今山西省大同市）会见后唐太祖李克用，当时耶律曷鲁侍立于旁，李克用回头看着他，赞许地问："这位伟男子是谁？"辽太祖说："是我们族的耶律曷鲁。"

以备不虞（yú）：虞，猜想，预料。用来防备料想不到的事。

伟男子：有抱负、才能的男人。

耶律屋质列传

> 耶律屋质（915—973年），契丹族，字敌辇，契丹皇族，辽朝初期名臣。

● 历经五朝的名臣

耶律屋质是辽太祖兄长的后代，他学识广博，通晓天文，性格沉稳，信守承诺，而且见识卓绝，富有城府，遇到事情总是能从国家大局出发，巧妙地化解各种危机。

947年，辽太宗在南征中原后北归的路上病死，皇太后述律平想让自己的小儿子当皇帝。跟随辽太宗南征的将领们迅速行动，在军中拥立辽太宗的侄子辽世宗继位，述律平闻讯大怒，将这些将领的家属全部抓起来作人质，放出狠话，如果自己失败，就杀掉这些家属。

与此同时，身为祖母的述律平带领军队，与孙子辽世宗隔河对峙，大战一触即发。在这千钧一发之际，耶律屋质自告奋勇，站在大局的角度，向皇太后阐述，如果双方打起来，辽太祖、辽太宗创下的基业将遭受重创，一旦辽朝国力衰弱，周边虎视眈眈的国家都会群起而攻之，甚至有亡国的危机。

在耶律屋质的努力下，述律平和辽世宗终于同意会面。双面见面后，耶律屋质客观地指出今日皇位之争，是由于皇太后偏心所致，同时也指出辽世宗不尊重祖母，在礼法

▼ 耶律屋质调解述律平与辽世宗的矛盾

上存在过失。双方同意暂时作出让步。

不久之后,述律平又反悔了,依然想要自己的小儿子上位,大臣们都不敢进言。耶律屋质再次在关键时刻挺身而出,说了很多忤逆皇太后的话,迫于舆论压力和耶律家族的势力,述律平又一次让步,同意辽世宗继承皇位。耶律屋质以其过人的危机处理能力,化解了这次危机,完成了皇权的平稳交接。

辽太宗的第三个儿子对帝位虎视眈眈,联合部分贵族,指使他们伺机谋杀辽世宗,有人察觉了此事,上报耶律屋质。耶律屋质带着这些意图谋反的人去见辽世宗,但是因为没有拿到证据,辽世宗没有追究。

后来,这些人在袖子里藏短刀,企图在辽世宗的寿宴上,利用敬酒的时机行刺,被辽世宗发现并抓捕。耶律屋质上奏说:"这些人妄图谋害陛下的性命,应该让他们当面对质,不能轻易饶恕他们!"

辽世宗下令由耶律屋质审问,耶律屋质将这伙人一网打尽,将主犯斩首,从犯杖责或贬职,彻底粉碎了他们的野心,又一次维护了政权的稳定。

然而,争权夺利的斗争从未停止,辽世宗的堂叔也蠢蠢欲动,耶律屋质发现后及时揭露了这个阴谋,但辽世宗不信堂叔会加害自己,甚至将耶律屋质的奏章拿给堂叔看。不久之后,辽世宗在一次祭祀时喝醉,被他的堂叔杀害。

辽世宗被刺杀后,他的堂叔想趁乱杀了耶律屋质。当时,耶律屋质身穿紫色朝服,辽世宗的堂叔下令见到穿紫色衣服的都不能放过。耶律屋质换掉衣服,仓促逃出后,立即召集各王合力讨伐逆党。

为了防止逆党取得政权,也为了使群龙有首,必须立即册立新帝。然而仓促之中,辽世宗的儿子下落不明,经过商讨,耶律屋质决定拥立辽太宗的大儿子为帝,即辽穆宗。

辽穆宗听到他的请求后,犹豫不决,耶律屋质分析局势说:"你是太宗的儿子,即使没有称帝之心,在逆贼眼中也是巨大的威胁,他们一定会想办法除掉你。到那时候,江山社稷落入别人手中,你的性命也难保。"

辽穆宗这才同意继承皇位,负责讨伐逆党的诸王也在天明之时将辽世宗的堂叔杀死。耶律屋质就这样在危难之中稳定了局势,挽救了辽朝的国运。

在这次平叛中,耶律屋质发挥了决定性作用。辽穆宗顺利继位后,有感于耶律屋质的救命之恩,命令他总管国家大事,并将逆党的财产全部赏赐给他,但耶律屋质坚决推辞,因为他所做的一切,都是为了辽朝的兴盛,而不是一己的荣华富贵。

969年,辽穆宗也为近侍刺杀,辽景宗继位。辽景宗继位之初,恰逢北宋派兵攻打辽朝的附属国北汉(今山西省中部、北部一带),北汉向契丹求援,辽景宗派耶律屋质前往求援。

大军行至北汉都城晋阳(今山西省太原市)附近时,耶律屋质派出一支小部队快马赶到晋阳的西面,敲响战鼓,高举火炬,大声呐喊。宋兵以为辽朝大军来了,慌忙连夜撤离。耶律屋质大获全胜,因此战功被辽景宗册封为"于越"。

973年,五十九岁的耶律屋质逝世。耶律屋质一生经历辽太祖、太宗、世宗、穆宗、景宗五朝,期间争夺帝位的斗争十分激烈,他凭借超凡的智慧,和对国家忠贞不二的信念,多次使国家平稳度过危机,为后来辽圣宗的全盛局面打下了基础。

经典原文与译文

【原文】帝谓屋质曰:"汝与朕属尤近,何反助太后?"屋质对曰:"臣以社稷至重,不可轻付,故如是耳。"上喜其忠。——摘自《辽史·卷七十七》

【译文】辽世宗对耶律屋质说:"你与朕更亲近些,为什么反而帮助太后?"耶律屋质回答说:"臣以为社稷最为重要,帝位不可轻易授受,所以这么做。"辽世宗喜欢他的忠诚。

袖刃而进: 在袖子里藏刀子进献。

耶律隆运列传

> 耶律隆运（941—1011年），原名韩德让，字致尧，蓟(jì)州玉田县（今河北省唐山市境内）人，辽朝重臣。

辽朝第一汉臣

韩德让的祖父是汉人，早年被契丹掠走成为奴隶，因为聪明机灵，很快得到主人的关注并脱颖而出，后来得到辽太祖的重用。

韩德让的父亲因擅长医术，也在皇宫中任职，深得皇太后述律平和辽太宗的赏识，后来迎娶契丹后族萧氏，地位更加显赫，韩德让便是萧氏之子。

辽景宗继位后，韩德让凭借祖上的恩荫，入仕担任小官。韩德让因侍奉君主稳重谨慎，一路晋升。后来，韩德让的父亲出任上京（今内蒙古自治区巴林左旗）留守，但经常

二十四史马上读，语文历史都进步

需要陪同皇帝出行，于是辽景宗任命韩德让代替治理上京，韩德让表现出杰出的才能，官职进一步上升。

几年后，韩德让的父亲改任南京（今北京市）留守，韩德让又代替治理南京，一时之间传为佳话。不久，宋太宗消灭辽朝的附属国北汉（今山西省中部、北部）后，带领三十万大军挥师北伐，将南京围困起来。

韩德让亲自登城，下令死守，誓与存亡。虽然兵力不足，但韩德让指挥得当，苦熬了一段时间后，终于等到了援军，在城外的高梁河（今北京市境内）展开激战。

韩德让带兵出城，与援军前后夹击，大破宋军。辽景宗非常高兴，任命韩德让担任节度使，不久又担任南院枢密使。

韩德让善于用人。有一次，一位皇族成员辱骂国舅是奴才，国舅愤怒地向韩德让告状，韩德让非常生气，前去质问，皇族成员出言不逊。

后来，韩德让担任丞相，推荐这位皇族成员出任统军使，萧太后奇怪地问："他曾经对你不尊重，为什么还推荐他呢？"韩德让说："他不尊重臣是私事，但换一个角度想，臣忝（tiǎn）居丞相之位，他尚且不屈服，何况对敌军呢？可见此人勇敢无畏，如果委以此任，一定可以打胜仗。"萧太后深以为然，批准了他的提议。

▲ 耶律隆运南京拒宋军

982年，辽景宗外出狩猎期间身患重病，韩德让来不及等待诏命，赶紧前去朝见。辽景宗临终前，传位给年幼的辽圣宗，由萧太后辅政，下令韩德让和耶律斜轸为顾命大臣。当时皇族内部斗争非常激烈，稍有不慎就能引起宫廷政变，萧太后母子随时有性命之忧。萧太后求助韩德让，韩德让提出不许各王私下会见，然后伺机夺取他们的兵权，辽圣宗得以顺利继位，萧太后临朝称制。

经过惊心动魄的帝位保卫战，韩德让的才干和忠心得到了萧太后的肯定，萧太后对他非常信任，他成为当仁不让的宠臣。同年年底，韩德让的父亲去世，按照礼制要守孝三年，萧太后认为朝廷离不开他，任用夺情制度驳回他守孝的要求，让他穿素服办公。

随后，宋太宗再次发起北伐，韩德让跟随萧太后出征，屡立战功，不断加官进爵。几年后，韩德让的母亲去世，又被夺情，继续任职。

1004年，韩德让跟随萧太后、辽圣宗南征，与宋朝订立了澶渊之盟后返回。有人向萧太后提议赐予韩德让国姓耶律，加入皇族。

萧太后采纳了这个提议，在班师时正式赐姓耶律，改封晋国王，还给予他免于常朝、在御座旁边设立座位、不被唱名、不用下拜、不与其他大臣同席同班等一系列

辽史·耶律隆运列传

特权。一年后，萧太后废除了他契丹奴隶"宫分人"的身份，他正式加入皇室，成为皇族成员。

几年后，萧太后去世。辽圣宗安葬萧太后时，以皇帝也要有兄长为由，用自己的辈分给韩德让赐名"隆运"，韩德让从此改名耶律隆运，成为皇兄，身份在亲王之上。

1010年，耶律隆运随同辽圣宗出征，途中病重，不治身亡，终年七十岁。辽圣宗悲痛不已，按照家人的礼仪为他服丧，以亲王的礼制将他安葬在辽景宗皇陵的旁边。耶律隆运以汉人的身份，运筹帷幄，为辽朝的稳定繁荣贡献了毕生心血，生前死后所获殊荣，为有辽一代众臣所无法企及。

经典原文与译文

【原文】 九年，复言燕人挟奸，苟免赋役，贵族因为囊橐（náng tuó），可遣北院宣徽使赵智戒谕，从之。——摘自《辽史·卷八十二》

【译文】 辽圣宗统和九年，韩德让又进言燕地之人心怀奸诈，以不正当的手段求免赋役，权贵们趁机窝藏包庇，可以派遣北院宣徽使赵智前往晓谕,皇上听从了他的建议。

谨饬（chì）：谨慎小心。

懋（mào）官懋赏：懋官,授官以示勉励;懋赏,奖赏以示勉励。通过授官和奖赏以示勉励。

耶律斜轸列传

> 耶律斜轸（？—999年），契丹族，字韩隐，辽朝名将。

🟢 令宋军闻之胆寒的一代名将

耶律斜轸是"于越"耶律曷鲁的孙子，他生性聪颖，但性格放荡不羁，原本不被人看重。辽景帝的岳父眼光独到，认为耶律斜轸外表自由散漫，其实有经天纬地之才，于是向皇帝极力举荐他。

辽景宗召见耶律斜轸，询问军国大事，耶律斜轸对答如流，句句切中要害，显示出不凡的见识。

辽景宗非常赏识耶律斜轸，将皇后的侄女嫁给他，委以节制西南面各军的重任，又命令他援助附属国北汉（今山西省中部、北部）。此后，耶律斜轸不断升迁。

979年，宋太宗率军进攻北汉，辽军在白马岭（今山西省盂县境内）遭遇宋军，战败。耶律斜轸在后，听说前军战败，马上率军出击，命令军队万箭齐发，宋军被他的勇猛气势震慑，吓得退兵。

这年秋天，宋军趁势北伐，意图一举收复燕云十六州，双方交战，辽军连连战败，不断撤退。耶律斜轸接到战败的辽军，高举着这支败军的战旗，吹着他们的军号诱惑宋军，宋军不知是计，争先追赶。耶律斜轸出其不意地从后面突击，

▼ 耶律斜轸在蔚州击败宋军

打败了宋军。

宋军败退，与耶律斜轸对峙于清沙河北。后来，宋军发现耶律斜轸兵力有限，于是留下一小部分兵力继续与之对峙，而派大军围攻幽州城。宋军久攻幽州不下，疲乏不堪，士气开始低落。不久，辽景宗派出的大军到达幽州城，两军在高梁河（今北京市内）交战。

耶律斜轸与另一位大将耶律休哥各率精锐骑兵，乘夜从左、右翼夹击宋军，形成包围之势。幽州城中守将听说援军来了，士气大振，也加入战斗。宋军无力抵抗辽军的猛攻，发现被包围，马上后退。耶律斜轸和耶律休哥马上实施超越追击战术，宋军大败，仓促而逃。宋太宗在慌乱之中，找了一辆驴车逃亡。

这便是著名的高梁河之战。耶律斜轸一战成名。

辽景宗去世后，辽圣宗继位，皇太后萧绰临朝称制。耶律斜轸因军功显赫，又是皇太后的侄女婿，故深得信任。耶律斜轸也不负所望，征讨女真时俘获十万余人、二十多万匹马，大获全胜，辽圣宗非常高兴，握着他的手褒奖他，赏赐很丰厚。

986年，北宋派三路大军伐辽，萧太后亲率大军迎战，耶律斜轸随军出征。他先是在定安城（今河北省蔚县境内）击败宋军，斩杀几万人，又到达蔚州（今河北省蔚县），宋军吓得不敢出战。耶律斜轸打探到北宋援军即将到来，提前派人埋伏在险要之处，等援军到达就发动攻击。宋军守城将领见援军来了，从城内突围而出，耶律斜轸从背后出击，守军和援军均被打败，溃散而逃，辽军斩杀宋军两万多人，顺利占领蔚州。宋军名将潘美派兵前来，都被耶律斜轸击败。

宋军派出名将杨业前来进攻。杨业是辽朝劲敌，辽景宗曾经发兵十万进攻雁门关，被杨业击败，以至于辽军一见到杨业的旗号就立马逃遁。面对这样的强敌，耶律斜轸不敢轻敌，派人埋伏在路边，等杨业兵马一来，耶律斜轸结成军阵迎战。

杨业下令进攻，他假装后退，将杨业引入埋伏，等到伏兵出击，他再回头进攻，杨业战败撤退，被流箭所伤，随后被俘虏。耶律斜轸见到杨业，责骂他说："你与我国打了三十多年，还有什么脸面相见！"杨业自称死罪，绝食三天而死。自此之后，宋朝再也不敢深入辽境，辽朝边界获得安宁。

999年，耶律斜轸跟随萧太后南征北宋，在军中去世，一代名将就此陨落。

辽史·耶律斜轸列传

经典原文与译文

【原文】伏兵发,斜轸进攻,继业败走,至狼牙村,众军皆溃。继业为流矢所中,被擒。斜轸责曰:"汝与我国角胜三十余年,今日何面目相见!"继业但称死罪而已。——摘自《辽史·卷八十三》

【译文】伏兵发动,耶律斜轸进攻,杨继业(即杨业)战败逃走,抵达狼牙村,众军全败。杨继业被流箭射中,被生擒。耶律斜轸责备他说:"你与我国较量胜负三十多年,今天有什么面目相见!"杨继业只是自称死罪而已。

词语积累

佚(yì)荡:超脱,无拘束。

剀(kǎi)切:切实、恳切,跟事理完全相合。

耶律乙辛列传

> 耶律乙辛（？—1083年），契丹族，字胡睹衮（gǔn），契丹五院部人，辽朝晚期权相、奸臣。

◉ 从寒门到权倾朝野的奸臣

耶律乙辛小时候家境贫寒，吃不饱穿不暖，部落内称他家为"穷迭刺"，但耶律乙辛却聪明机敏，相貌不凡。

有一次耶律乙辛去牧羊，他的父亲前去查看，看见他睡得正香，便叫醒了他，他大怒道："你为什么这个时候叫醒我？刚才我正梦见有人拿着太阳月亮请我吃，我已经吃掉了月亮，而太阳正吃到一半，你把我叫醒，我没法全部吃掉它！"父亲被他惊世骇俗的言语震慑，从此不再让他牧羊。

耶律乙辛长大后，风度翩翩，为人谦和，但内心狡诈，善于权术。他原本担任一个小官，经常陪同上司进宫见到

▲ 耶律乙辛牧羊

皇帝，辽兴宗和皇后见这个年轻人安详文雅，谈吐不凡，非常喜爱他，因此连连升官。辽兴宗的儿子辽道宗继位后，更加重视耶律乙辛，常常召他参与解决疑难问题，他开始成为朝廷重臣。

　　1063年，辽道宗的叔叔心怀异心，企图排除异己，建议把反对自己的大臣耶律仁先调离京城。辽道宗正要同意，耶律乙辛上奏说："臣刚参加朝政，对国家大事不太熟悉，但耶律仁先是先帝的旧臣，不能离开朝廷。"辽道宗表示赞同。

同年七月，辽道宗出京狩猎，这位叔叔趁机发动叛乱，自立为帝，并派兵袭击辽道宗所在的行宫。耶律仁先挺身而出，率领禁卫军反击，辽道宗的叔叔兵败自杀，这场政变被迅速平息。事后，辽道宗感念耶律乙辛的功绩，给他升官。

　　随着辽道宗的信任加深，耶律乙辛的权力越来越大，后来甚至被授予遇到四方战事，可以自行处理的权力。大权在握之后，耶律乙辛渐渐膨胀，大力提拔曲意逢迎的人，贬逐忠信耿直之人，一时之间，前来贿赂的人络绎不绝。辽道宗腐朽奢侈，耶律乙辛又擅长溜须拍马，深得信任，朝堂之上无人敢言。

　　后来，辽道宗让皇太子参与朝政。皇太子着手整顿法令制度，耶律乙辛的日子变得不好过了。为了铲除皇太子，他决定先除掉萧皇后，于是设计诬陷萧皇后与人通奸，辽道宗听信谗言，赐死萧皇后。耶律乙辛又极力劝说辽道宗迎娶自己同党的妹妹，并册封为皇后。

　　当时，有一名宫中护卫知道耶律乙辛想要谋害皇太子，便埋伏在桥下，想等他经过时行刺，计划还没实施，暴雨冲毁了桥梁，耶律乙辛侥幸逃过此劫。

　　后来，又有一名大臣向辽道宗密奏耶律乙辛意欲加害皇太子的种种行为，辽道宗便将耶律乙辛外放。耶律乙辛哭着说："我并没有过错，只是有人进谗言加害我啊！"他的同党将这话禀告辽道宗，辽道宗开始后悔，将密奏的大臣外放，召回耶律乙辛。从此之后，朝中再也无人敢进言。

耶律乙辛多年经营，将满朝忠良之士贬斥出朝，变本加厉地谋害皇太子。他命人诬告某大臣阴谋废皇帝、立太子，辽道宗派人调查，没有找到证据。耶律乙辛不死心，又安排心腹前去自首，再次诬陷说："之前告发拥立皇太子为帝的事情都是真的，臣也参与了谋划，并计划杀掉耶律乙辛。臣害怕如果不坦白这件事，等到真相大白，会因牵连获罪。"

辽道宗闻讯，下令再次调查，耶律乙辛拉着这些大臣当堂审问，给他们戴上重重的枷锁，用绳索捆住脖子，连呼吸都困难，他们受不了折磨，只求速死，都违心招供。耶律乙辛向辽道宗报告，辽道宗囚禁并杀害了皇太子。

皇太子死后，耶律乙辛丧心病狂地盯上了皇孙。有一次，辽道宗要出去打猎，耶律乙辛上奏将皇孙留在京城。一位大臣提醒说："皇孙年龄还小，无人照顾。如果陛下听信耶律乙辛的话，将皇孙留在京城，臣愿意留下来保护他。"

这句话提醒了辽道宗，他开始怀疑耶律乙辛，慢慢查到他的许多坏事。恰好有一次，辽道宗看到许多官员都跟在耶律乙辛身后，比自己还要威风，心中更加讨厌，于是将他降官削爵。

耶律乙辛并没有收敛，违反法令将禁物卖给异域，正好给了辽道宗处罚他的理由。耶律乙辛被判处死刑，他的同伙帮助他申辩，使他免于死刑，改为拘禁，但后来他试图逃奔北宋，终于被处死。

天祚帝继位后，为报杀父之仇，挖掘他的坟墓，陈列出他的尸骨示众。这位猖獗一世的弄权之臣终于得到了应有的下场。

经典原文与译文

【原文】初，乙辛母方娠，夜梦手搏羧（gǔ）羊，拔其角尾。既寤（wù）占之，术者曰："此吉兆也。羊去角尾为王字，汝后有子当王。"及乙辛生，适在路，无水以浴，回车破辙，忽见涌泉。——摘自《辽史·卷一百一十》

【译文】起先，耶律乙辛的母亲怀孕之时，夜里梦见徒手与黑羊搏斗，拔断了黑羊的角与尾。醒来后占卜这个梦，术士说："这是吉兆。羊去掉角、尾为'王'字，你将来

辽史·耶律乙辛列传

有儿子当为王。"耶律乙辛出生时，正好在路途中，没有水洗浴身体，人们调转车头，压坏了车辙，地上忽然间涌出泉水。

词语积累

便宜从事：便宜，方便；从事，做事情。根据实际情况采取恰当的办法自行处理，无须请示。

金史

  《金史》由元朝末年丞相脱脱等人主持编撰,与《宋史》《辽史》同时编修,全书共一百三十五卷,包括本纪十九卷、志三十九卷、表四卷、列传七十三卷,是记录女真族建立的金朝的纪传体断代史。

  《金史》记录从金太祖完颜阿骨打出生到金哀宗完颜守绪败亡(1068—1234年)共一百六十六年的历史。

  《金史》编撰之时,由于史料保存完善,成为元朝官修三史中编撰最好的一部,在体例上有所创新,在内容上叙事详略得当,文笔老练,反映了这一时期女真族的兴衰成败。

  《金史》于1343年三月开始修撰,于第二年十一月完成。

金史·太祖本纪

太祖本纪

> 完颜阿骨打（1068—1123年），女真族，汉名完颜旻（mín），会宁府会宁县（今黑龙江省哈尔滨市）人，金朝开国皇帝，死后庙号太祖。

金朝开国皇帝

完颜阿骨打所属的女真族部落臣服于辽，他的父亲完颜劾里钵（bō）曾在辽朝担任节度使。完颜阿骨打从小力气就很大，与小孩子玩游戏，一个人能抵挡好几个人，为人端庄稳重，深受父亲喜爱。

有一次，完颜劾里钵打仗受伤，极其危险，将完颜阿骨打抱坐在膝上，抚摸他的头发说："等这个儿子长大了，我就没有什么可忧虑的了！"

完颜阿骨打喜爱拉弓射箭，技艺高超。有一天，辽朝使臣到他家拜访，见他正在玩弓箭，便让他射群鸟，他连发三箭，箭箭命中。使臣很吃惊，说："这是个奇男子！"

后来，完颜阿骨打去其他部落赴宴，远处有一座高高的土山，大家比赛射箭，谁都射不了那么远，完颜阿骨打一箭射出，竟然超过土山三百多步。

完颜阿骨打二十三岁时，请求跟随父亲去打仗，包围了敌军的城池。他身穿短甲，不戴头盔，也不骑马，围着城池跑，向各军发号施令。城中一名壮士骑马出城，提枪直冲他杀来。完颜阿骨打与舅舅一起折了壮士的枪，刺中他的马，差点杀了他。

不久，完颜阿骨打去辽朝办事，而完颜劾里钵生病，临走时，父亲叮嘱说："你尽快办完，五月中旬之前一定要赶回来，我还来得及见你一面。"

完颜阿骨打在父亲逝世前一天赶回家，完颜劾里钵对自己的弟弟说："只有这个孩子能成就大业，你一定要好好帮助他！"

女真族祖上是唐朝的黑水靺鞨（mò hé），等到辽朝统一北方，又臣服了他们。辽朝对女真人分而治之，实施民族压迫政策。

辽朝末年，这种压榨越来越残酷，女真人的不满越发强烈，而女真族完颜部经过几代人的努力，不断征服和联合其他部族，组成了部落联盟，统一的趋势不断加强。

金史·太祖本纪

1113年,完颜阿骨打担任联盟长,开始积蓄力量,准备反辽。

第二年,完颜阿骨打派人打听虚实,得到情报说辽天祚(zuò)帝昏庸无能,民怨沸腾。完颜阿骨打马上修建城堡,准备器械,征调各部落军队。在誓师大会上,完颜阿骨打说:"希望大家同心协力,如若立功,奴婢可以改为平民,平民可以做官,官员可以晋升;如果违反誓言,家属也要

▼ 完颜阿骨打射杀辽将

一同治罪。"

第二天，部队到达辽朝边界，完颜阿骨打一箭射死辽军主将，辽军溃败，损失了十之七八。女真军队乘胜攻克宁江州（今吉林省扶余市），正式拉开了金辽战争的序幕。

同年，辽朝派大军来攻，完颜阿骨打带领三千七百名兵士迎战。两军在出河店（今黑龙江省肇源县境内）相遇，恰逢刮起大风，遮天蔽日，女真人乘势进攻，大败辽军，缴获大量兵甲、武器，收编了辽军俘虏，将女真军队扩充至一万人。出河店之战被后世史家认为是决定性的战役，此战之后，女真军队锐气如虹，攻占了许多城池。

此时女真内部团结，完颜阿骨打的威望空前，一些有见识的贵族建议他建国。1115年，完颜阿骨打废除原来的部落联盟长制度，即皇帝位，建立起奴隶制国家，国号为大金，是为金太祖。

金太祖继续向辽朝开战，金军战斗力非常强，占领了辽朝北边重镇黄龙府（今长春市农安县）。天祚帝听说消息，亲自率领辽军主力，大举伐金，金太祖率领两万人迎敌，又大败辽军，天祚帝逃跑。经过这一战，辽军主力被歼灭，再难与金抗衡了。

天祚帝战败的消息传出，辽朝各地的少数民族纷纷起兵反抗。金太祖知道南方的宋朝虽然与辽和平了一百多年，但始终想收回五代时期被占领的燕云十六州，于是派出使者邀约宋朝南北夹击辽朝，双方横渡渤海订立了"海上之盟"。

天祚帝见势不妙，不断派使臣请求议和，金太祖说："辽人多次战败，才来求和，只不过是缓兵之计，应当继续讨伐他们。"

不久，金军打到辽朝的上京（今内蒙古自治区巴林左旗）城下，金太祖亲自督战，早上发起进攻，不到中午就攻陷了上京，天祚帝再次逃跑。至此，辽朝的一半疆土被金朝占领。

之后几年，金太祖又多次攻辽，武力进攻与分化瓦解结合使用，连续击败辽军，并明确将夺取辽朝领土，取而代之作为战略目标。

金军所向披靡，一路攻占中京（今内蒙古自治区宁城县）、西京（今山西省大同市）、燕京（今北京市）等重镇，取得决定性胜利。

1123年，金军将燕京的财宝尽数占为己有，派出军队继续攻击逃跑的天祚帝。同年八月，金太祖在回军的路上病死，终年五十六岁。

金太祖审时度势，团结女真各部，毅然起兵反辽，为金朝取代辽朝，统治我国北方奠定了基础。

二十四史马上读,语文历史都进步

经典原文与译文

【原文】尝与沙忽带出营杀略,不令世祖知之。且还,敌以重兵追之。独行隘巷中,失道,追者益急。值高岸与人等,马一跃而过,追者乃还。——摘自《金史·卷二》

【译文】完颜阿骨打曾经和沙忽带出军营杀戮掳掠,不让父亲金世祖知道。将要回营时,敌人派出重兵追击。完颜阿骨打独自逃至一个狭隘的巷子里,迷了路,追兵更加紧急。这时正好遇到一堵一人高的墙,完颜阿骨打纵马一跃而过,追兵这才回去。

流莩(piǎo):流浪而饿死的人。

金史·太宗本纪

太宗本纪

> 完颜晟（shèng）（1075—1135年），女真族，会宁府会宁县（今黑龙江省哈尔滨市）人，金朝第二任皇帝，死后庙号太宗。

● 灭辽灭北宋的皇帝

完颜晟是金太祖的同母弟弟，金太祖在外开疆拓土，与辽军作战，常让他留守后方，处理军事、司法案件。完颜晟逐渐成长为金太祖的得力助手，深得信任。

随着对辽作战的节节胜利，完颜晟与众臣极力劝金太祖称帝。金朝建立之后，完颜晟担任谙（ān）班勃极烈，即首席大臣，同时被视为继承人。

金太祖曾经下诏说："你我是一母同胞的兄弟，思想、行为都是一体的，所以任用你辅助管理国家大事。凡是军中有违纪犯法的，由你来核实罪证，按照合适的办法处置。

其他事情,一律依照本朝旧制办理。"

金太祖病逝后,众臣请求完颜晟继承帝位,完颜晟不答应。大臣们执意请求,甚至将红褐色袍子披在他身上,将御玺塞到他手中,他才勉强同意继位,是为金太宗。

金太宗继位时,金、辽之间的战争已经接近尾声。金太宗继承金太祖的遗愿,继续追击不断逃亡的辽天祚帝,将他俘虏,辽朝灭亡。不久,西夏向金称臣。金太宗又通

▼ 金太宗辞让帝位

过武力和招降相结合的手段，收服了奚部和辽朝的残余势力，巩固了对占领区的统治，平定了西部和西北部。

此时的金朝兵强马壮，完全取代辽朝成为北方的统治者，同时也成了宋朝的邻居。在如何处理与宋朝的关系上，金太宗与大臣们产生了冲突。金太宗想遵守金太祖在世时与宋朝订立的"海上之盟"，金朝将燕云十六州归还，宋朝将原来给辽朝的岁币转给金朝。

然而，征辽的将领们在与宋朝的接触中，发现宋军毫无战力，宋廷的腐败比辽朝有过之而无不及，而且燕云十六州的战略地位极其重要，不仅不能归还，还应该一举灭掉宋朝。金太宗认为有理，随后下诏挑选勇猛善战的将士，积极训练，将战争的矛头对准了宋朝。

1125年十月，金太宗下令南伐，将大军分为东、西两路，西路从云中（今山西省大同市）进攻太原（今山西省太原市），东路从卢龙（今河北省卢龙县）进攻燕山府（今北京市）。

东路的进攻非常顺利，宋军在燕山府的守将不仅让城投降，还带领金军渡过黄河，仅用几个月时间就包围了宋朝京城汴京（今河南省开封市）。

宋徽宗吓得赶紧将皇位传给儿子宋钦宗，自己逃跑了。宋钦宗惊慌失措，只能割地赔款，请求金军退兵，暂时解了京城之围。但其他各路金军还在不断进攻，宋军节节败退，金军便以宋廷没有信守承诺为由，再次包围汴京，并于第二年十一月占领了汴京。

金军派遣使者，请宋钦宗来军营议和，宋钦宗只好前往谈判。金朝索要黄金一千万锭、白银两千万锭、缣（jiān）帛两千万匹、马七千匹，还要割让黄河以北地区。

随后，金军又多次击败勤王的宋军，俘虏了宋徽宗、宋钦宗及宗室后妃、大臣工匠等数千人北归，连同宫廷的珍宝、仪仗、冠服、图书等全部抢走，史称"靖康之变"，北宋就此灭亡。

北宋灭亡后，宋徽宗的儿子宋高宗建立南宋。金太宗继续发动对南宋的战争，派出两路大军，一路出征河南，一路出征山东，还下令追击逃到扬州（今江苏省扬州市）的宋高宗。

不久，金军到达扬州，宋高宗吓得仓促渡过长江，一路往南狂逃，金军紧追不舍，宋高宗乘船出海，逃到定海县（今浙江省舟山市），金军入海追了三百路里没有追上。金军因为战线拉得太长，只好撤军。不久，宋军陆续收复了东南失地。

金军在北撤路上，遭到南宋军民的激烈反抗，于是，金太宗将主要战场转移到西面。金军在富平（今陕西省富

金史·太宗本纪

平县)大败南宋名将张浚,占领了陕西五路,又继续向和尚原(今陕西省宝鸡市境内)进攻,企图占领四川,从而控制长江上游,顺江而下,消灭南宋。

南宋名将吴玠(jiè)坚决抵抗,击败金军,金军遭遇宋金战争以来首次重大失利。两年后,金军再次发兵,虽然攻占了和尚原,随后又被吴玠打败,从此不敢再觊觎(jì yú)四川。

金太宗又派兵渡过淮河,准备大规模南下。南宋朝廷震惊,但此时金太宗病重,金兵不得已撤军。

1135年,金太宗病逝,终年六十一岁。金太宗在位的十几年中,金朝实力急剧膨胀,各种制度处于草创阶段,治下的土地、民众突然激增,引发的矛盾不止一端,但金太宗积极采取措施,不断学习中原王朝的经验,在政治制度上做了许多改革,稳固了统治。

经典原文与译文

【原文】五年正月辛卯朔,高丽、夏遣使来贺。癸巳,宗翰、宗望使使以宋降表来上。乙未,知枢密院事刘彦宗上表,请复立赵氏,不听。丁巳,回鹘(hú)喝里可汗遣

081

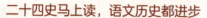

使入贡。——摘自《金史·卷三》

【译文】金太宗天会五年正月辛卯日初一,高丽、西夏派遣使者前来朝贺。癸巳日,完颜宗翰、完颜宗望派遣使者带着宋朝的降表前来进献。乙未日,知枢密院事刘彦宗上表,请求仍然册立赵氏为皇帝,金太宗没有听从。丁巳日,回鹘喝里可汗派遣使者入贡。

仅以身免:仅,只能够;身,自身;免,避免。比喻兵败,只身逃出险境,除了生命其他都损失了。

金史·世宗本纪

世宗本纪

> 完颜雍（1123—1189年），女真族，本名完颜乌禄，会宁府会宁县（今黑龙江省哈尔滨市）人，金太祖的孙子，金朝的第五位皇帝，死后庙号世宗。

◉ 金朝的"尧舜之君"

完颜雍十三岁时父亲去世，他的母亲出身贵族，遇事很有主见。依据金朝的习俗，丈夫死后，妻子应该嫁给宗族的人，完颜雍的母亲认为这是陋习，毅然出家为尼。受母亲的影响，完颜雍从小沉稳明达，聪明能干。

完颜雍擅长骑射，族中长辈看见他打猎，称赞他的骑射之术在金朝可以列为第一。完颜雍常年追随长辈们四处征战，因为待人宽厚，军中将士都很喜欢他。金熙宗即位后，任命他为兵部尚书。

金熙宗执政后期爱酗酒，经常杀戮大臣，唯独对完

▲ 完颜雍狩猎

颜雍非常好。完颜雍的父亲攻打宋朝时，曾经得到一条宋朝皇帝用过的白玉带，他留给儿子作为传家宝。

完颜雍的妻子说："这条白玉带是皇帝用过的，按照规制不应该出现在王府，应该献给皇上。"完颜雍觉得有道理，立刻将白玉带献给金熙宗，金熙宗非常高兴，觉得他很懂事，更加信任他。

后来，海陵王完颜亮杀害金熙宗，即皇帝位。海陵王因为得位不正，性格残暴，对宗室子弟很提防。完颜雍能文能武，在贵族中享有很高的威望，海陵王很忌惮，时常调动他的官职。完颜雍为了自保，不断进献奇珍异宝，表现得非常恭顺。

海陵王没有就此罢休，要求完颜雍将妻子送入京城作人质。完颜雍与妻子感情很好，也知道海陵王好色成性，但不敢违抗皇命，只得同意。

他的妻子非常忠贞，不想受辱，更不想自己成为海陵王制衡丈夫的棋子，便在路途中自杀了。她在死前给完颜雍留下遗书，请求丈夫不要因为儿女情长而冲动，要卧薪尝胆，等待时机夺取帝位，取代昏君，安定天下。

消息传来，完颜雍悲痛不已，但为了完成妻子的遗愿，他忍下了这口气，装作若无其事，甚至没有去妻子的身亡之地操办后事，仅让人草草掩埋了她。完颜雍的隐忍终于蒙蔽了海陵王，海陵王认为他胆小怕事，不足为惧，暂时放过了他。

海陵王好高骛远，决定调集全国的兵力，亲自南征，想要一举消灭南宋。此举导致人民不堪重负，很多人被逼为盗，一时之间民怨沸腾，国家动荡，人心尽失。

完颜雍的部众劝他提前准备，随时应对变故。不料消息走漏，海陵王派去监视他的人立即开始行动。完颜雍决定反抗，借口召集众官吏开会，趁机抓捕了监视者。

不久，两位将领主动率领部队前来投奔，众人一起击

二十四史马上读,语文历史都进步

杀监视者,正式与海陵王决裂。第二天,各位将领、官员一起来到完颜雍家中求见。完颜雍刚走出门,这些人就高呼万岁,完颜雍连忙推辞。大家极力再劝,完颜雍于是亲赴太庙祭告先祖,然后升殿即位,是为金世宗。

此时,海陵王正在南征的前线,他本想马上回去攻打金世宗,但他的亲信说,不如先打下南宋京城临安(今浙江省杭州市),灭亡了南宋,再回军攻打金世宗。

海陵王采纳了这个建议,率兵准备渡过长江,但被南宋打败。而金世宗称帝的消息开始传播开来,早就受不了海陵王残暴的兵士们纷纷倒戈,将他乱箭射死。

金世宗虽然顺利继位,但面临着内忧外患的局面,内部有各派系的争斗,外部有各民族的起义。为了尽快稳定人心,金世宗反海陵王之道而行之:对于被无辜杀戮的大臣,收敛他们的遗骨,抚恤他们的家属;对于被无故贬斥的官员,恢复他们的职务,对于原来反对他的人,也不计前嫌,择贤任用。

比如海陵王的大将纥(hé)石烈志宁,很有才干,曾经率军攻打金世宗。金世宗即位后,派人召他归附,纥石烈志宁不仅不同意,还连杀九名使者。金世宗无奈,派兵征讨,生擒纥石烈志宁后,委以重任。消息传出,大家都被金世宗的宽厚感动,纷纷前来投奔。金世宗就这样稳定了内部统治。

面对各民族的起义，金世宗采取一手镇压，一手招抚的方针，他下令对归降者许以优厚的条件，并派卧底策反起义军。

当时，规模最大的起义就是契丹人移剌窝斡（wò）领导的牧民大起义，其屡屡打败朝廷派出的军队。移剌窝斡最终被人出卖，金世宗非常残酷地处置他，以杀鸡儆猴。为了防止契丹人再反抗，他采取分而治之的办法，将他们分开编入女真部，防止他们串通，终于使国内的矛盾得到缓和。

与此同时，金世宗大力整顿内政，发展经济，崇尚节俭。经过努力，金朝的阶级矛盾、民族矛盾都得到了极大的缓和，政治稳定，国库充盈，人口大幅增加。金世宗因此被后世称为"小尧舜"。

1189年，金世宗病逝，终年六十七岁。他的年号是大定，他开创的"大定之治"，是金朝一百一十九年历史中的鼎盛时期。

经典原文与译文

【原文】 海陵尝闻上有疾，即使近习来观动静，

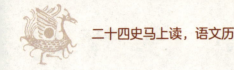

至是,又使谋良虎图淮北诸王,上知之,心常隐忧。——摘自《金史·卷六》

【译文】海陵王完颜亮曾经听说金世宗生病,立即派遣亲信前来观察动静,到这时,又派遣谋良虎图谋淮北地区各王,金世宗知道了消息,时常暗中担忧。

耆(qí)老: 耆,六十岁的老人;老,七十岁的老人。指年老而有地位的士绅。

完颜宗翰列传

> 完颜宗翰（1080—1137年），女真族，名粘罕，小字鸟家奴，会宁府会宁县（今黑龙江省哈尔滨市）人，金朝前期著名将领。

● 金朝开国第一名将

完颜宗翰的父亲与金太祖是堂兄弟，曾担任国相。完颜宗翰十七岁时，就以作战勇猛获得全军的认可。金太祖决定起兵反辽时，很多人都表示反对，唯有完颜宗翰的意见与金太祖一致。辽朝出兵二十万人守卫边境，金太祖率军迎击，完颜宗翰就担任右军，大败辽军。

1121年，完颜宗翰上奏说："辽朝皇帝德行缺失，朝廷内外人心尽失，要趁机攻击他们，彻底消灭这个隐患。"金太祖很认可，下令军队备战，但因为大臣反对，一直没有出兵。

过了几个月，完颜宗翰再次请求，这次金太祖力排众议，派出一名主将统军，完颜宗翰作为副将，与其他将领一起进军。攻占中京（今内蒙古自治区宁城县）之后，金军又迫使北安州（今河北省丰宁县）投降。

完颜宗翰在北安州驻扎，得知辽朝天祚帝沉迷玩乐，昏庸无度，连自己的儿子都杀，急忙向主将请示，继续伐辽，然而主将以"从长计议"为由拒绝。

完颜宗翰担心失去战机，一边派人再次禀报，一边自作主张出兵，带领精兵六千袭击天祚帝，打得他再次逃跑。

金太宗登基，依然很信任完颜宗翰，下诏将一个地区的大权交给他，授予他自行任免官职的权利。

辽朝灭亡后，宋朝根据之前的约定要求割取山西的土地，完颜宗翰向金太宗建议割让另外两个州，说："宋朝人不肯交回我们叛逃的人员，阻断了燕山的来往道路。臣料想他们会撕毁盟约，不能割让山西的州县！"金太宗说："先帝曾经许诺过，我们总不好毁约。"

完颜宗翰又上奏说："双方订立的盟约规定不能窝藏对方的逃犯，但宋朝好几个地方都在用厚赏招纳叛逃者。臣几次索要，一无所获。订立盟约才短短几个月，他们就不遵守，难道能指望他们长期守约吗？如果割让山西的土地，我们就失去了屯军之所，请暂且保留这些地方！"金太宗表示同意。

不久，有人向金太宗禀报宋朝不肯送岁币，还想修改盟约。完颜宗翰请求攻打宋朝，金太宗同意，令完颜宗翰担任左副元帅，带领西路军进攻宋朝。完颜宗翰一路攻克山西的两个州，围困太原府（今山西省太原市），宋军派四万军队来援，被杀死一万多人。

这时，宋朝请求讲和。金朝派降金的辽臣萧仲恭出使宋朝，宋钦宗被金军的攻势吓得六神无主，便以复兴辽朝为诱饵，请萧仲恭写信给辽朝的将领，萧仲恭将此事上报，金太宗下诏再次攻打宋朝。

完颜宗翰接到命令，马上出兵，一路攻破很多城池，渡过黄河，攻占宋朝京城开封（今河南省开封市），与另一路大军统帅完颜宗望会师。宋钦宗上表投降，北宋就此灭亡。

1127年，完颜宗翰带着俘虏的宋徽宗和宋钦宗及赵氏宗族四百多人，还有缴获的大量皇室财物，与大军一起北还。金太宗赐予完颜宗翰免死铁券，以及大量赏赐。

北宋灭亡后，金朝的疆域变得空前辽阔，多民族、各军队、众盗贼混杂，治理难度很大。完颜宗翰东奔西走，忙于任命官员，安定居民，平定叛乱。

期间，被俘的宋徽宗给他写信，提议册立赵氏后人为

▲ 完颜宗翰俘虏宋徽宗、宋钦宗

君王，代替金统治宋地的百姓，必然能事半功倍。完颜宗翰没有回复。

宋高宗派人带着密信到北方诱导降金的契丹人和汉人，信件被金军缴获。金太宗派遣五路大军，追杀宋高宗，完颜宗翰一路追击，沿途收降了很多城池，缴获了许多钱财。

宋高宗一面逃亡，一面写信给完颜宗翰，哀求他保存赵氏社稷。开始时，宋高宗写信称"大宋皇帝构致书元帅帐前"，后来自降身份，改为"宋康王构谨致书元帅阁下"，完颜宗翰这才回信，敦促他投降。宋高宗不肯投降，乘船逃入大海。

完颜宗翰军功卓绝，引起了金太宗的忌惮，开始限制元帅府的权力。金熙宗即位后，继续削弱完颜宗翰的兵权，两年后，又以贪赃罪斩杀他的一名亲信，趁机株连其他人，进一步削弱他的势力。

完颜宗翰性格暴躁，看到心腹之人被杀，无能为力，心中愤懑（mèn）不已，不久就去世了，终年五十八岁。

完颜宗翰内能谋国，外能谋敌，敢于做别人不敢做的事，给金朝肃清了外部忧患，为金朝走向繁盛奠定了基础。

经典原文与译文

【原文】天辅五年四月，宗翰奏曰："辽主失德，中外离心。我朝兴师，大业既定，而根本弗除，后必为患。今乘其衅，可袭取之。天时人事，不可失也。"太祖然之，即命诸路戒备军事。——摘自《金史·卷七十四》

【译文】金太祖天辅五年四月，完颜宗翰启奏说："辽朝皇帝犯下罪过，中央和地方的百姓都有二心。我朝起兵反抗,大业奠定之后,但辽朝皇帝还没有被铲除,将来必定会成为祸患。现在趁他们内部叛乱,可以袭击打败他们。我们具备天时人和,机会不能失去。"金太祖认为他说得对,立即命令各路警戒,准备战斗。

圭璋(guī zhāng):古代的玉制礼器,主要用于祭祀。

衮冕(gǔn miǎn):衮,礼服;冕,礼冠。古代皇帝及王公贵族在祭祀天地宗庙等重大庆典活动时穿戴的正式服装。

金史·完颜宗望列传

完颜宗望列传

> 完颜宗望（？—1127年），女真族，本名斡（wò）鲁补，又名斡离不，会宁府会宁县（今黑龙江省哈尔滨市）人，金太祖的第二个儿子，开国名将，人称"二太子"。

怀柔平敌国的菩萨太子

完颜宗望常年跟在金太祖身边征战四方，屡建战功，成为年轻一代的翘楚。他信奉佛教，为人精明细致，待人和善，被称为"菩萨太子"，深受将士们爱戴，经常能打胜仗。

1121年冬天，完颜宗望跟随主帅完颜杲（gǎo）进攻辽朝，连战连捷。名将完颜宗翰在北安州（今河北省丰宁县）驻扎，从俘虏那里得知辽天祚帝的去向，建议立刻出兵追赶。

完颜宗望担心消息不实，正巧遇见三百多名辽军残兵，认为多审问一些俘虏，就可以确定天祚帝真正的位置，于是带领一百名骑兵击败这股辽军，俘虏五人，确定了天祚帝的去向，完颜宗翰才进军，但没有追上。

天祚帝逃跑后，金军占领了很多土地，刚刚投降的地方人心不稳，完颜宗望建议请金太祖亲临军队坐镇。完颜杲表示同意，完颜宗望回到都城，为金太祖规划好南下路线，并陪同南下。

金太祖得知辽天祚帝的具体位置，亲自率军追击，完颜宗望带领四千名精锐为先锋，昼夜兼程。因为行进速度太快，追到天祚帝时，完颜宗望身边只有一千多人，而辽军多达两万五千人。

一名部将见士兵、战马都很疲惫，提议不要贸然进攻，先等待主力。完颜宗望说："我们好不容易追到了，却不进攻，等到天黑他们跑了，就追不上了。"于是与辽军大战。

完颜宗望兵少，被辽军包围了好几层。这时，天祚帝认为胜券在握，带着妃嫔从远处的高地来到平地观战。一名部将看到天祚帝的仪仗，立刻带领骑兵突袭，天祚帝大惊，连忙后撤，辽军见皇帝撤退，无心恋战，全线崩溃。

不久，金太祖平定燕京（今北京市），立刻派主力追击天祚帝。各路兵马因为不熟悉地理，误入泥泞的沼泽地，

▲ 完颜宗望追击天祚帝

耽误了行程。完颜宗望找到一名俘虏作向导，率先进攻辽军大营，大破辽军，俘虏了许多后宫嫔妃、宗室子弟、王公贵族。天祚帝听说自己的亲属被俘，带领五千军队前来决战，完颜宗望带领一千骑兵大破辽军，缴获大量俘虏和战利品，天祚帝再次逃跑。

经过一系列战斗，天祚帝派遣使者送出一枚金印，假意向完颜宗望投降。完颜宗望发现金印并非皇帝所用，担心天祚帝有其他计策，于是派出使者和辽朝的属国西夏交好，防止天祚帝逃到西夏。

为了确保万无一失，又派出间谍密切关注西夏的动向。西夏想要护送天祚帝渡过黄河，完颜宗望立即修书，向他们施压，断绝天祚帝流亡西夏的机会。不久，穷途末路的天祚帝被金军俘虏。

　　完颜宗望始终认为，使用怀柔策略，多依靠本地人作向导，才能找到敌人，通过安抚敌方的军民百姓，才能获得足够的情报，最终取得更大的胜利。因此，完颜宗望不认可完颜宗翰好勇斗狠的风格，两人发生了巨大分歧。

　　在金军屡战屡胜之时，不少辽朝臣民投靠宋朝。完颜宗望认为，与其责令宋朝归还叛逃军民，不如安抚投降的人，以吸引更多人归附，于是，他向金太宗申请一千张任命书，用来收买人心。

　　金太宗认可他的方法，但为了防止完颜宗望势力坐大，只给了他五十张任命书，并诏令本地官员各司其职，帮助迁徙之人恢复生产，减轻遭受战祸州郡的负担。

　　完颜宗望长期在一线作战，对宋朝比较了解，认为宋朝迟早会成为金朝的后患，便首先向金太宗提议进攻宋朝，这与完颜宗翰不谋而合。

　　1125年十月，金太宗决定兵分两路进攻宋朝，完颜宗望带领东路军，从燕山府（今北京市）出发，通过华北平原南下。完颜宗望首先击败宋将郭药师，迫使他投降。在郭药师的帮助下，完颜宗望对宋朝有了更深的了解，一路攻城略地，三个月之后就来到汴京城（今河南省开封市）下。宋钦宗惊慌失措，请求割地赔款，金军撤退。

同年八月，金太宗得知宋钦宗想支持辽朝残余势力复国，立刻派遣完颜宗望、完颜宗翰兵分两路，再次进攻宋朝。十二月，东、西两路金军会师汴京，俘虏宋徽宗、宋钦宗。第二年六月，完颜宗望死在押送俘虏回朝的途中。

经典原文与译文

【原文】张敦固以兵八千分四队出战，大败。宗望再三开谕，敦固等曰："屡尝拒战，不敢遽（jù）降。"宗望许其望阙遥拜。敦固乃开其一门。宗望使阇（dū）母奏其事，乃下诏赦南京官民，大小罪皆释之，官职如旧。——摘自《金史·卷七十四》

【译文】张敦固派出八千名士兵分四队出战，大败。完颜宗望多次劝告他，张敦固等人说："多次尝试抵挡你们，不敢马上投降。"完颜宗望准许他仰望宫阙，向远处行拜礼。张敦固于是打开一个城门。完颜宗望派完颜阇母启奏这件事，金太宗于是下诏赦免南京（今北京市）的官吏百姓，大小罪行都予以赦免，官职和以前一样。

比岁不登：比岁，连年；登，丰收。农业连年歉收。

昼夜兼行：兼，加倍。不分白天黑夜地行走。比喻加速赶路。

金史·完颜宗弼列传

完颜宗弼列传

> 完颜宗弼（？—1148年），女真族，本名斡（wò）啜，又名兀术，会宁府会宁县（今黑龙江省哈尔滨市）人，金朝开国名将。

● 出将入相的一代名将

完颜宗弼(bì)是金太祖的第四个儿子，人称"四太子"。他性格豪放，胆识过人，练就一身好武艺，尤其擅长骑射。金太祖起兵反辽时，他年纪还小，只能看着各位哥哥外出征战，心里很羡慕。

1122年，完颜宗弼首次参与作战，跟随主将完颜杲追击辽天祚帝，遇到三百多名辽朝残兵，为了捉住俘虏审问辽帝的下落，他与完颜宗望主动出击，弓箭用尽了，就抢下辽兵的长枪继续战斗，独自杀死八人，活捉五人，一战成名。

辽朝灭亡之后,金太宗决定灭亡宋朝。1125年十月,完颜宗弼跟随二哥完颜宗望率领东路军一路南下。第二年正月,完颜宗弼攻取汤阴县(今河南省安阳市汤阴县),逼降三千多名宋军,随后强渡黄河,逼近宋朝京城的外围护城河。宋军为了阻挡金军,焚烧了浮桥。

完颜宗弼立刻派出七十名骑兵,跳入护城河,涉水进攻,杀了五百多名宋军,带领三千名骑兵冲到开封城(今河南

▼ 完颜宗弼攻占开封城

省开封市）下，宋徽宗吓得急忙逃跑。

同年八月，宋钦宗企图策动降金的辽朝人造反，金太宗下令再次攻宋，完颜宗弼跟随完颜宗望率军南下，攻占开封，灭亡了北宋。第二年六月，完颜宗望病逝，完颜宗弼带兵镇压山东、河北境内的抗金武装。他作战骁勇，经常身先士卒，不到一年时间就消灭了反对势力。

一年后，金太宗下令追击宋高宗，完颜宗弼率领本部人马作为先锋，连续击败宋军，渡过长江，占领临安府（今浙江省杭州市），并以此为据点，先后攻占越州（今浙江省绍兴市）、明州（今浙江省宁波市）。宋高宗惊慌失措，在舟山岛乘船渡海，躲避他的兵锋。完颜宗弼派战船渡海，行驶三百里，没有追到，这才返回临安。

完颜宗弼连续取胜，更加坚定了彻底灭亡宋朝的信心，也滋长了骄纵之气。1130年，完颜宗弼上报朝廷，声称搜山检海完毕，调集大军烧杀抢掠，将东南地区最大的城市临安付之一炬，带着抢劫的大量金银细软，准备沿着运河运到北方，给江南各地人民造成了巨大的灾难。

宋朝将领韩世忠利用水军船舰庞大的优势，在镇江（今江苏省镇江市）扼守江口，阻击金军。完颜宗弼进攻受挫，只好沿长江往西，历尽艰辛才撤退到建康（今江苏省南京市），韩世忠用铁索封锁江面。

完颜宗弼重金悬赏破敌之人，有人献计用火攻烧掉韩世忠船队的篷帆，完颜宗弼马上连夜赶制火箭，第二天派出小船放箭，韩世忠孤身而逃。但另一路宋军名将岳飞在金军撤退的路上布置好埋伏圈，金军主力损失惨重，死尸绵延十几里，完颜宗弼狼狈逃回北方。

同年八月，金太宗决定重点进攻陕西路，企图由此进入四川，占据长江上游，顺江而下，灭亡宋朝。完颜宗弼率领本部军队前往，宋军主将张浚带兵与金军大战于富平（今陕西省富平县）。

张浚知道完颜宗弼的军队最为强悍，派出主力将他团团围住。完颜宗弼指挥士兵死战不退，成功牵制了宋军主力，赢得了战机。其他金军随即发起反击，取得富平之战的胜利。

完颜宗弼乘胜占领陕西，继续进攻四川，遭到宋朝名将吴玠的强烈抵抗，后来又遭到岳飞、韩世忠的抵抗。这时，金太宗病逝，金熙宗即位，完颜宗弼撤兵，入朝主政。

当时，金朝内部出现主和派和主战派两大阵营，完颜宗弼反对和谈，奏请皇帝诛杀了主和派大臣，并担任元帅，带兵与宋军争夺河南之地。

完颜宗弼与岳飞、韩世忠等人在河南大战数年，逼退宋军，控制了河南，占领了开封，并进攻淮南，占领庐州（今安徽省合肥市），再次威胁宋朝的安全。岳飞带领部队反击，在郾（yǎn）城大破完颜宗弼主力，形势对宋朝很有利。

完颜宗弼迅速改变策略，一面积极防御，一面和宋朝丞相秦桧取得联系，主张"南北和好"。1142年，在完颜宗弼的威压下，宋高宗诏回并杀死岳飞，贬黜韩世忠，向金朝求和，史称"绍兴和议"。

1148年，完颜宗弼因病去世。完颜宗弼出将入相，对宋朝充满警惕和敌意，其恩威并施的策略对宋朝影响极大。

在民间，"金兀术"这个名字成为反派代表，但对于金朝来说，完颜宗弼是大英雄，金世宗曾说："我朝自完颜宗翰之后，真正称得上名将的，只有完颜宗弼一人而已。"

经典原文与译文

【原文】及攻吴玠于和尚原，抵险不可进，乃退军。伏兵起，且战且走，行三十里，将至平地，宋军阵于山口，宗弼大败，将士多战没。明年，复攻和尚原，克之。——摘自《金史·卷七十七》

【译文】等到完颜宗弼在和尚原（今陕西省宝鸡市境内）进攻南宋将领吴玠，抵达险要的地方不能进军，于是退军。宋军伏兵出现，完颜宗弼一边作战一边退走。走了三十里，即将到达平坦的地方，宋军在山口列阵，完颜宗弼大败，许多将士战死。第二年，完颜宗弼再次进攻和尚原，攻克和尚原。

词语积累

搜山检海：完颜宗弼一路南下，追击宋高宗，翻山夸河，直至入海，自称"搜山检海"。

金史·张浩列传

张浩列传

> 张浩（1102—1163年），字浩然，辽阳府（今辽宁省辽阳市）人，金朝名臣。

● 明哲保身的五朝老臣

张浩是高句丽（gōu lí）王国开国君主东明王的后裔，本姓高，曾祖父高霸曾在辽朝担任高官，后来改姓张氏，他的祖父、父亲都在辽朝为官。

张浩一家虽然生活在东北，但通晓中原的文物制度，等到金太祖占领辽阳，张浩前去投靠，献出很多计策，被授予官职，负责撰写政令。

金太祖死后，金太宗赏赐张浩进士出身，张浩受命修建宫室，制定朝廷礼仪。几年后，张浩因母亲体弱多病，申请辞职，回家赡养母亲，后来担任赵州（今河北省赵县）刺史。

等到金熙宗继位，金朝建立也不过二十年，各项礼仪制度很不完善，不利于中央集权的专制统治。金熙宗命令全面学习汉人的制度，推行到全国，在中央建立了三省六部制，大量任用汉人为官。在这种情况下，张浩回到朝中做官，先后担任户部、工部、礼部的侍郎，很快被提升为礼部尚书，协助金熙宗制定朝仪，发挥了重要作用。

大将完颜宗弼依仗金熙宗的信任掌权，将丞相田珏

▼ 张浩处理六部政务

（jué）排挤出朝，借故杀死他，又将田珏周围的汉臣全部处死，尚书省为之一空，几乎无人可用。

张浩临危受命，一个人管理六个部门的政务，他凭借过硬的行政能力，将各类政务处理得非常稳妥，朝臣都十分佩服。不久，张浩借口年老多病，请求出朝担任地方官，朝廷任命他为平阳府（今山西省西南部）知府。

平阳府的治安非常差，有很多盗贼。张浩刚一上任，就遇到男子在夜里掳掠妇女的恶性事件，他当机立断，下令逮捕该男子，当众杖杀，于是不法之徒慢慢少了很多。接着，张浩又废除了很多违背礼制的祠堂，为尧帝修缮祠堂，建造遗风亭，用来教导百姓。平阳府被治理得很好。

完颜宗弼死后，金熙宗一下子失去了臂膀，显得不知所措，开始荒废朝政，擅杀大臣。右丞相完颜亮趁机夺取皇位，为了巩固自己的地位，他大量重用汉人，将张浩调回朝廷担任副宰相。此后，张浩因母亲去世，守丧三年，守丧结束后，被提拔为宰相，进入最高决策层。

完颜亮决定迁都燕京（今北京市），命令张浩营建新都。张浩不辞辛劳，仿照汉人的宫殿之制，修建宫城、后苑、太庙、官署，历时三年，规模堪比汉唐宫殿。

迁都之后，张浩请求朝廷下诏，四方百姓前来居住的，免除十年的赋税徭役，以充实京城人口。迁都之事有利于金朝的封建化,也奠定了金、元两朝北京城的规模,对后世产生了很大的影响。

完颜亮好大喜功,十分艳羡富庶的南宋,想要占领它。自从"绍兴议和"后,南宋和金朝已经二十年没有战争。张浩心中反对,却不敢犯颜直谏,旁敲侧击地说:"臣昨天晚上观测天象,发现宋朝将来一定会为陛下所有。"完颜亮非常惊奇,问道:"你有什么证据?"张浩说:"赵构没有儿子,将来一定会发生皇位争夺。陛下根本不用发兵,就可以轻易占领南朝。"完颜亮非常高兴,但依然积极备战,甚至很久都不上朝,张浩想要进谏,但没有找到机会。

正巧完颜亮派遣手下官员看望张浩,张浩这才小心翼翼地说:"陛下的军队都是新兵,很难取胜,还是找些老兵为好。"完颜亮正意气风发,听了这话十分生气,打了张浩一顿,让他留守后方。

完颜亮进攻南宋,被宋将虞允文击败,军队损失惨重,人心不附。许多大臣拥戴完颜雍继位,是为金世宗。前线军心大乱,完颜亮被部将杀死。

金世宗继位后,继续任用张浩为宰相,对他说:"你在完颜亮手下担任丞相,完颜亮如此无道,你怎么能说没有过错呢?可是,完颜亮大修宫室,民力凋敝,你也曾经

金史·张浩列传

劝谏,不能说没有尽力。如今朕看中你的能力,所以任用你为丞相,不要辜负了朕的期待。"

张浩非常感激,竭尽所能辅佐皇帝,经常推荐人才。有人建议皇帝废除科举制度,他委婉地劝说道:"历朝历代的皇帝,只有秦始皇不重视文学之士。"金世宗立刻明白他的言外之意,回答道:"我怎么可能是秦始皇。"于是不再废除科举制度。

张浩年纪越来越大,身体多病,获得皇帝的特殊优待,多次请求退休,于1163年病逝,终年六十二岁。

经典原文与译文

【原文】初,近侍有欲罢科举者,上曰:"吾见太师议之。"浩入见,上曰:"自古帝王有不用文学者乎?"浩对曰:"有。"曰:"谁欤(yú)?"浩曰:"秦始皇。"上顾左右曰:"岂可使我为始皇乎!"事遂寝。——摘自《金史·卷八十三》

【译文】当初,有皇帝的近侍想要废除科举制度,金世宗说:"我召见太师张浩商量这件事。"张浩入朝觐见,皇帝说："自古以来有没有不用文学之士的帝王？"张浩回答道："有。"皇帝问："是谁？"张浩说："秦始皇。"皇帝环顾身边的侍从说："怎么可以让我成为秦始皇呢？"这件事于是停止。

淫祠：淫，过多。滥建的祠堂。

明哲保身：明智的人善于保全自己，不参与对自己有害的事情。比喻为了个人利益不敢坚持原则的行为。

仆散忠义列传

> 仆散忠义（1115—1166年），女真族，名乌者，上京会宁府（今黑龙江省哈尔滨市）人，金朝名将。

● 战功赫赫的皇亲国戚

仆散家族世袭谋克（金朝基层主官）。仆散忠义的姑姑是金太祖的皇后，他的妹妹被选为金世宗的元妃，他是皇亲国戚。

仆散忠义身材魁梧，喜欢谈论军事，有很深的谋略，为人谦和懂礼，喜欢和儒生交往。他十六岁时，带领本谋克的战士跟随主将完颜宗辅出征陕西，一箭射杀宋军大将，金军士气大振，取得胜利，仆散忠义因此成名。

仆散忠义后来跟随名将完颜宗弼四处征战，屡次先登立功，完颜宗弼夸赞他说："这个年轻人智勇双全，将来一定是大将之才。"

▲ 仆散忠义在就任路上杀贼

　　金熙宗继位后，仆散忠义被任命为地方官。他不打猎、不游宴，兢兢业业地工作。有一次，天气阴云密布，监狱的罪犯想要趁着夜色逃跑。事发突然，仆散忠义的手下人非常害怕，但他气定神闲，命令报更的官吏提前击鼓报时，罪犯们以为快要天亮，不敢轻举妄动，事件得以平息。

　　仆散忠义在地方工作四年，政绩斐然，被提拔为兵部尚书。完颜亮即位后，大臣仆散忽土仰仗拥戴有功，对同僚傲慢无礼，仆散忠义在酒席宴上打压他的气焰，惹恼了皇帝，把他赶出朝廷担任节度使。

金史·仆散忠义列传

刚来到地方，仆散忠义就遇到一群啸聚山林的贼寇，仆散忠义身穿单衣，只带了一个随从，搭弓射箭，一连射杀数人，将贼寇吓跑。

此后，仆散忠义带兵前往西部，防御吐蕃（今西藏自治区），又奉命南征宋朝，取得一些胜利。但这场战争不得人心，完颜亮被宋军击败，完颜雍被拥戴为帝，是为金世宗。仆散忠义拜谒金世宗，被任命为执政大臣。

这时候，因为完颜亮横征暴敛，契丹人在移剌窝斡（wò）的带领下，起兵反抗金朝。恰好完颜亮战败，金军一路北撤，契丹人的气焰更加嚣张。

金世宗派遣将领完颜谋衍（yǎn）出兵镇压，完颜谋衍骄傲轻敌，放任自己的儿子在军中暴戾无度，将士们渐渐不听从指挥。叛军随即占领大片肥美牧场，兵强马壮，金军缺少草场，战斗力大为削弱，战争陷入僵持状态。仆散忠义主动请缨，金世宗大喜，命令他指挥军队平叛。

仆散忠义刚刚接手军队，叛军已经占领数座县城，结成军阵向西行进。仆散忠义紧追不舍，终于遭遇叛军。不巧，天降大雾，半步之内都看不清人物，仆散忠义对天祷告说："如今叛军残暴，滥杀无辜，老天爷不能帮助恶人，就应该散去雾气。"话音刚落，太阳出来，雾气渐渐散去。

仆散忠义立刻背靠山岭列阵，摆下偃月阵，大破叛军，

115

俘虏三十多万人，缴获十几万牲畜以及大量金银财物。仆散忠义将战利品全部分给将士，继续带兵紧追不舍，最终平定了叛乱。

契丹叛乱平定后，一些叛将逃到宋朝，为他们献计北伐。宋孝宗刚刚即位，锐意进取，于是单方面出兵，占领了宋金边境的四个州。金世宗不想和南宋全面对抗，派仆散忠义处理边境冲突。临行时，对他说："如果宋朝归还侵占的疆土，按照要求贡献岁币，可以罢兵。"

仆散忠义十分谨慎，在边境加强戒备，然后修书与宋朝大臣张浚交涉，希望通过和谈收复领土。张浚同意和谈，但拒绝归还占领的城池。为了给宋朝施压，仆散忠义带兵收复了三州领土，继续与宋军对峙。

双方相持时间很长，南方天气潮湿，仆散忠义担心弓弦松动，特意挑出一万张强弓另外存放。宋军果然趁机发动反击，占领宿州（今安徽省宿州市）。仆散忠义紧急调来这一万张强弓，击退宋军，收复宿州。

取胜后，仆散忠义再次主持和谈，终于在1165年达成和约，史称"隆兴议和"。金朝不但收复了领土，还迫使宋朝割地，宋朝皇帝对金世宗称侄。

最初，金朝为了防御南宋，在边境布置十七万常备军，负担极重，合约达成后，大量裁撤边境驻军，将宋朝的岁币当成裁军费用，极大减轻了财政负担，金世宗非常高兴，对仆散忠义说："如今金宋和解，百姓免受战争之苦，都是你的功劳。"

1166年正月，仆散忠义身染重病，后于二月病逝，终年五十二岁。

经典原文与译文

【原文】窝斡乃以精锐自随，以羸（léi）兵护其母妻辎重由别道西走，期于山后会集。追复及于袅岭西陷泉。与贼遇，时昏雾四塞，跬（kuǐ）步莫睹物色，忠义祷曰："狂寇肆暴，杀戮无辜，天不助恶，当为开霁（jì）。"奠已，昏雾廓（kuò）然。——摘自《金史·卷八十七》

【译文】移剌窝斡于是带领精锐部队跟随自己，用孱弱的军队保护他的母亲和妻子以及辎重从别的道路向西撤退，约定在山后会合。仆散忠义的追兵在袅岭（今内蒙古自治区喀喇沁旗）西面的陷泉又追上了移剌窝斡。和叛军遭遇时，四面雾气昏沉，半步之内都看不到物体的颜色，仆散忠义祝祷说："疯狂的贼寇肆意施暴，滥杀无辜，上天不会帮助恶人,应当为我们转晴。"祝祷完毕,昏沉的雾气豁然散去。

皇亲国戚: 皇帝的亲戚。指很有权势的人。

猛安、谋克: 金朝对居民实行军政合一制度,金太祖指定三百户为一猛安,十猛安为一谋克,其后所辖数量有所变化。

金史·完颜陈和尚列传

完颜陈和尚列传

> 完颜陈和尚（1192—1232年），女真族，本名完颜彝(yí)，字良佐，丰州（今内蒙古自治区呼和浩特市）人，金末名将。

● 百年金朝唯养一人

完颜陈和尚出生于武将世家，父亲为国捐躯，他自幼就以父亲为榜样，希望可以为国效力。

完颜陈和尚身处金朝末年，蒙古帝国崛起，不断侵占金朝土地。1213年，蒙古大军再度侵略金朝，二十二岁的完颜陈和尚被俘虏。蒙古主将非常看重他的才华，命令他陪同左右。

完颜陈和尚不想为蒙古人效力，在蒙古生活了一年多，以老母亲在丰州为由，请求回乡探望，蒙古主将派遣士兵监护他回去。

▲ 完颜陈和尚兄弟带着母亲逃回金朝

　　到达丰州后,完颜陈和尚与族兄完颜斜烈商议,杀死监视者,带着母亲逃脱,蒙古军队觉察,分兵堵截。完颜陈和尚从其他道路避开了追捕,但丢失了马匹,兄弟俩用鹿角车拉着母亲继续南下,历尽艰险,最终回到金朝。金宣宗非常感动,给兄弟二人授予官职。

　　完颜陈和尚在完颜斜烈手下任职,遇见当时的文章大家王渥,便拜他为师,学习《孝经》《论语》《左传》等儒家经典,养成了勤奋好学的习惯。

　　1225年,完颜陈和尚跟随完颜斜烈驻扎方城县(今河南省方城县)。完颜斜烈病重,完颜陈和尚管理军中事务。当时,两位将领李太和、葛宜翁发生矛盾,完颜陈和尚秉公执法,判处葛宜翁杖刑。葛宜翁一向凶悍,这次吃了亏,心中不服,竟然气愤而死,临终前要妻子为自己报仇。

葛宜翁的老婆性情刚烈,在必经之路上摆下柴火,坐在上面,声称如果不能处罚完颜陈和尚,就自焚而死。主管官员害怕事情闹大无法收场,只得逮捕完颜陈和尚。

完颜陈和尚入狱,因为证据不足,一直没有判决,被关了十八个月,依然读书不倦。

不久,完颜斜烈病逝,金哀帝有感于人才难得,不顾众人反对,赦免了完颜陈和尚,告诫他说:"有人说你因为私怨杀了人,本来不应赦免,你的兄长死了,朕痛失名将,因此赦免你,天下人肯定说朕不公,你一定要为国效力,不枉费朕的苦心。"金哀帝任命他为忠孝军主将,完颜陈和尚感动得痛哭流涕。

当时的忠孝军由回纥(hé)人、羌人、乃满人等草原部落以及中原亡命之徒组成。这些人战斗力强,争勇斗狠,桀骜不驯,很难指挥,完颜陈和尚统兵有方,得到他们的拥戴。忠孝军在完颜陈和尚的手下,变成了一支劲旅。

1228年,蒙古军队进犯大昌原(今甘肃省宁县),完颜陈和尚临危受命，担任先锋。临行之时，完颜陈和尚沐浴更衣，披甲上马，做好了为国捐躯的准备。在他的感染下，四百名忠孝军战士气势如虹，击败八千名蒙古军队，取得大昌原大捷。胜利的消息振奋全国，人们纷纷说，自从和蒙古人打仗，二十多年来这是第一次大捷。完颜陈和尚一天之内名扬天下。

随后的几年里，完颜陈和尚带领忠孝军，先后在卫州（河南省卫辉市）、倒回谷（今陕西省蓝田县东南），连续击败蒙古军队，立下赫赫战功。

完颜陈和尚的胜利，并不能改变金朝全线溃败的事实。1232年，金朝调集步兵十三万、骑兵两万，想要在邓州（今河南省邓州市）和蒙古军队决一死战，完颜陈和尚带兵参加战斗。蒙古军队采取避其锋芒的战术，利用骑兵迅捷灵活的优势，向金军防御薄弱的开封（今河南省开封市）进发。

金军得知消息后日夜兼程，已经疲惫不堪，走到半路天降大雪，将士三天没有吃饭，很多人失去了战斗力。蒙古骑兵以逸待劳，大破金军。完颜陈和尚带领残兵退守钧州（今河南省禹县），蒙古军队紧追不舍，攻破钧州，俘虏了完颜陈和尚。

完颜陈和尚早已有了为国捐躯的想法，对蒙古人说：

金史·完颜陈和尚列传

"我就是忠孝军将领完颜陈和尚,多次击败你们蒙古军队的人就是我。我今天死了,要让天下人知道,我没有辜负国家。"

蒙古人打断他的腿,割开他的嘴,想让他屈服,完颜陈和尚依旧大骂不止,最终为国捐躯,终年四十一岁。

蒙古主将非常佩服,对他说:"好汉,如果还有来世,我一定让你成为我的部下。"

完颜陈和尚的英雄事迹流芳千古,金朝诗人元好问亲自为他写了一篇碑文,评价道:"国家一百多年只培养出了完颜陈和尚一个人罢了。"

经典原文与译文

【原文】副枢移剌蒲阿无持重之略,尝一日夜驰二百里趋小利,军中莫敢谏止。陈和尚私谓同列曰:"副枢以大将军为剽略之事,今日得生口三百,明日得牛羊一二千,士卒喘死者则不复计。国家数年所积,一旦必为是人破除尽矣。"——摘自《金史·卷一百二十三》

【译文】枢密副使移剌蒲阿没有稳重的才略,曾经一天一夜奔袭两百里只为了获得小利,军队之中没有人敢进谏制止。完颜陈和尚私下里对其他将领说:"枢密副使用大将军的身份做抢劫的事情,今天抢三百名俘虏,明天抢一两千只牛羊,累死的士兵不可计数。国家多年的积累,很快就要被这个人耗损完了。"

手不释卷:释,放下。手里总拿着书不放下。比喻勤奋好学。

行将就木:行将,不久就要;木,棺木。快要进棺材。比喻人即将走向死亡。

金史·元好问列传

元好问列传

> 元好问（1190—1257年），字裕之，号遗山，太原府秀容县（今山西省忻州市）人，金末元初文学家、历史学家。

● 承前启后的一代文豪

元好问生于金朝末年，是北魏皇族拓跋氏后裔。

元好问的父亲元德明嗜好读书，屡次科考都没有中举，于是在家乡授徒教书，寄情山水，成为当时小有名气的文人。受到父亲的影响，元好问从小就喜欢读书，天赋极高。

元好问七岁学会写诗，十四岁拜当时的学者郝晋卿为师，专心学习六年，完成了学业。与此同时，他从十六岁起参加科举考试，但并不顺利。

这时，蒙古帝国已经崛起，屡屡对金朝发起攻击。元好问二十三岁时，家乡秀荣县被蒙古人占领，元家居家搬迁到河南府福昌县（今河南省洛阳市宜阳县）。

此后，元好问又参加了几次科举考试，都失败了，但他通过参加考试，结识了当朝权贵，写下《箕(jī)山》《琴台》等诗歌，得到大家的认可，在京城一举成名。直到三十二岁时，元好问才考中进士。

元好问虽然考中进士，但因为科场纠纷被冤枉，一时气愤，没有参加选官。几年后元好问得到在朝为官的友人举荐，参加贡举，成绩优异，才正式开始任职。

元好问后来又担任了几年的地方官，不久进入朝中任职，负责起草诏令。

两年后，蒙古帝国灭亡金朝，元好问成为俘虏，关押数年后被赦免，从此再没有走上仕途。

晚年的元好问开始著书立说。他不想看到金朝就这样消失无踪，决心编纂金史。他得知金朝的实录在张万户家中，希望可以参考实录编撰史书，但被人阻止。

元好问心中忧愁，说道："我不能让一个朝代就这样消失。"于是在家中建造一个亭子，作为修史之地，然后遍访金朝遗老，广泛收集素材，每当找到有用的资料，就用小纸条记录，积累超过一百万字。他将自己编纂的史料称为"野史"。

元好问还没有编纂完成金史就病逝了,终年六十八岁。

▼ 元好问建亭修史

他将收集的素材编成《中州集》和《壬辰杂编》两部书,元朝丞相脱脱后来编纂《金史》,就大量选用了其中的史料,让金朝历史更加严谨真实。

元好问生于乱世,国家灭亡后,不愿为元朝服务,便寄情于诗文之中,尤其以诗歌见长。他将唐代诗人杜甫作为自己的偶像和奋斗目标,杜甫在安史之乱时期的诗歌对元好问影响极大。

金朝灭亡后,元好问经历了亡国之痛,诗歌体现出国破家亡的绝望和不甘,代表作品有《歧阳》三首、《癸巳五月三日北渡》三首,这些作品被后世称为"丧乱诗",最负盛名。

元好问还在诗歌理论方面有独到见解,仿照杜甫"以诗论诗"的风格,写下了《论诗三首》《论诗十三首》等诗歌理论作品。

元好问对自己的诗歌造诣非常自负,认为可以和偶像杜甫并驾齐驱,他临终前叮嘱后人,墓碑只能写"诗人元好问之墓"七个字。

元好问除了诗歌以外,在词、散曲、小说等方面均有建树。元好问的词继承了苏轼、黄庭坚的豪放,现存三百七十七首,是金朝写词最多、题材最丰富的文学家,对后世影响深远。

金史·元好问列传

元好问的散曲流传至今的只有九首，他善于用俗为雅、变故作新，自成一家，影响了元曲的发展。他的小说则以《续夷坚志》最为出名。

经典原文与译文

【原文】晚年尤以著作自任，以金源氏有天下，典章法度几及汉、唐，国亡史作，己所当任。时金朝实录在顺天张万户家，乃言于张，愿为撰述，既而为乐夔（kuí）所沮而止。好问曰："不可令一代之迹泯而不传。"乃构亭于家，著述其上，因名曰"野史"。——摘自《金史·卷一百二十六》

【译文】元好问晚年尤其以著书立说为己任，认为金朝拥有天下，法令制度几乎可以匹敌汉朝、唐朝，国家灭亡后就应该编纂正史，自己应该承担这个责任。当时金朝历史的实录在顺天府张万户家中，于是他和张万户说，愿意编纂金史，随即被乐夔阻扰就停止了。元好问说："不可以让一个朝代的事迹泯灭而无法流传。"于是在家中修筑亭子，在那里著书，将所著文字命名为"野史"。

著书立说：编写著作，创立学说。比喻从事研究和著述工作。

元史

元史

《元史》由明朝史学家宋濂等人主持编撰,全书共两百一十卷,包括本纪四十七卷、志五十八卷、表八卷、列传九十七卷,是记录蒙古族建立的元朝的纪传体断代史。《元史》记录从元太祖孛(bó)儿只斤·铁木真出生到元顺帝孛儿只斤·妥欢帖睦儿去世(1162—1370年)共两百零九年的历史。《元史》的编撰比较草率,大都沿用现成的史料,没有融会贯通,因此也保存了很多珍贵的史料,是最早的全面系统地记载元朝历史的著作。

宋濂

宋濂(1310—1381年),初名寿,字景濂,号潜溪,别号龙门子,金华府浦江县(今浙江省金华市浦江县)人,明朝初年文学家、史学家,与高启、刘基并称为"明初诗文三大家"。

宋濂自幼多病,家境贫寒,但聪明好学,有神童之称。宋濂年轻时曾经广泛拜师学习,精通《五经》,一生手不释卷,最终达到无所不通的境界。时值元朝末年,朝政黑暗,宋濂拒绝朝廷的征辟,后来入山当道士,同时著书。明太祖占领应天府(今江苏省南京市)之后,宋濂进入幕府。明太祖称帝后,下令修撰《元史》,宋濂担任总裁官,分两个阶段完成,总时长不足一年。此后,宋濂历任要职,不慎被牵扯进胡惟庸案,被贬到四川,于1381年在路途中去世,享年七十二岁。

元史·太祖本纪

太祖本纪

> 孛儿只斤·铁木真（1162—1227年），蒙古族，出生于漠北斡（wò）难河上游（今蒙古国肯特省鄂嫩河），蒙古帝国的建立者，尊号"成吉思汗"，历史上杰出的政治家、军事家，死后庙号太祖。

● 一代天骄成吉思汗

孛儿只斤·铁木真的父亲也速该是蒙古族乞颜部落的首领。当时的蒙古族生活在漠北草原，分裂成许多部落，各自为政，依附于金朝。政治环境复杂、自然环境恶劣，导致蒙古族各部落为了争夺生存空间，互相攻伐，征战不断。

也速该在一次战斗中击败塔塔尔部落，俘虏了首领铁木真兀格。不久，也速该的大儿子出世，孩子出生时，手中握着一颗红色石头。也速该认为这是上天的眷顾，于是为孩子起名铁木真，意思是"铁之最精者"。

铁木真九岁时,父亲被仇敌塔塔尔部落毒死,乞颜部落衰弱,很多部众投降了泰赤乌部,就连铁木真的近侍也要离开。铁木真的母亲性情刚烈,亲自带着族人追回了大半逃跑的人,带着族人离开家园,过着渔猎和游牧生活。后来,铁木真投靠父亲的结义兄弟脱里,认他为义父,得以收拾旧部,积蓄实力。

铁木真十八岁时,成长为草原勇士,乞颜部落逐渐强大,但随即遭到敌对部落的突然袭击,铁木真的妻儿被俘虏。铁木真请求脱里和自己的结义兄弟扎木合帮忙,集结军队大破敌军,救回了妻儿,还缴获了很多战利品。铁木真威信大增,周围的部落纷纷归附,重新组合为新的乞颜部落,推举他为首领。

铁木真展现出很强的政治才能,部落实力越来越强。扎木合领导的部落实力也很强,一直有统一蒙古的志向,他无法容忍铁木真的强大,便联合泰赤乌部一起进攻他。铁木真将自己的军队分成十三路,与扎木合大战,史称"十三翼之战"。因为兵力悬殊,铁木真大败。取胜后的扎木合烹杀战俘,引起公愤,而铁木真反其道而行之,吸引很多人前来投靠。

经过几年的发展,铁木真的实力在漠北草原举足轻重。1196年,铁木真的仇家塔塔尔部落反叛金朝被击败,精锐损失殆尽,铁木真为了给父亲报仇,联合义父脱里,合兵剿灭了塔塔尔部落。此役之后，脱里接受金朝的王号，自称王汗，铁木真也接受金朝的官号，有权号令各部贵族。随后，铁木真联合王汗，剿灭了很多不听从命令的部落，实力进一步增强。

铁木真的崛起，引起草原各部落的恐慌，大家推举扎木合为盟主，反抗铁木真。铁木真在王汗的支持下，大破联军，扎木合向王汗投降。虽然铁木真一直听命于王汗，但他的战功引起王汗和他儿子的猜忌，王汗便以联姻为名，准备将铁木真骗来之后除掉他，铁木真及时发觉。王汗见密谋泄露，马上集结部队，趁着铁木真没有做好准备，击败了他。

铁木真率领仅剩的四千六百名骑兵，窘迫到只能饮用浑浊的河水。他举手望天，在河边向追随者发誓说："如果我能够统一蒙古，成就大业，就应该与大家同甘共苦。如果违背了这句话，有如这河水！"

王汗击败铁木真之后，十分得意，经常与部下宴饮，放松了戒备。铁木真趁机反攻，突然围攻王汗的营帐，激战三天三夜，击溃其主力，王汗兵败后被杀。

铁木真由此控制了东至大兴安岭，西至杭爱山（今蒙古国境内）的广阔土地。随后，他又剿灭其他部落，完全统一了蒙古高原。1206年，蒙古各部落召开"忽里勒台"大会，推举铁木真为"成吉思汗"，意思是"拥有海洋四

▲ 铁木真在班朱泥河立誓

方的可汗",大蒙古国建立。

成吉思汗建立蒙古帝国后,他的儿子们渴望获得更多的封地,手下兵将也渴望得到更多财富,成吉思汗说:"天地非常宽广,你们打下的疆土,都是你们的。"又对众将说:"男子汉最大的快乐,就是占领敌人的土地,抢夺敌人的牛马,将敌人的妻妾据为己有。"在他的号召下,蒙古帝国开始对外扩张。

成吉思汗采取"先弱后强"的策略,首先进攻西夏、金朝。从1205年起,蒙古帝国不断进攻西夏,至1227年灭亡了西夏。从1208年起,蒙古帝国连续进攻金朝,横扫金朝领土。蒙古铁骑所到之处,只为抢夺财物、人口,给百姓带来灭顶之灾,黄河以北数千里的土地几乎被夷为平地。蒙古人的残暴引起恐慌,道士丘处机北上求见成吉思汗,劝说他减少杀戮,名臣耶律楚材也极力劝说,于是蒙古帝国对中原的政策由杀戮改为安抚。

1218年,成吉思汗下令西征,先后征服西辽(今我国新疆维吾尔自治区及中亚一带),花剌子模(今哈萨克斯坦及俄罗斯南部),一路西进,一直打到黑海沿岸。1227年,成吉思汗病死在六盘山下的清水县(今甘肃省清水县),终年六十六岁。

成吉思汗死后,他的后人继续扩张,最终建立了横跨亚欧的大帝国,面积达到三千三百万平方公里,占世界土地面积的百分之二十二,成为人类历史上连续版图最大的帝国,客观上促进了欧亚两洲的交流,对之后的世界历史产生了深远的影响。

经典原文与译文

【原文】帝问金使曰:"新君为谁?"金使曰:"卫

王也。"帝遽（jù）南面唾曰："我谓中原皇帝是天上人做，此等庸懦亦为之耶？何以拜为！"即乘马北去。——摘自《元史·卷一》

【译文】元太祖问金朝使者说："新君是谁？"金朝使者说："卫王。"元太祖立刻向南边吐口水，说："我只当中原皇帝应该天上人来当，这等昏庸懦弱的人也可以当吗？为什么要跪拜！"立刻骑马向北走了。

歃（shà）血为盟：歃血，古代会盟时人们将血涂在嘴唇上以示诚意。泛指结为同盟。

诱敌深入：把敌人引进来，使敌人处于孤立或无法逃跑的境地。

元史·太宗本纪

太宗本纪

> 孛儿只斤·窝阔台（1186—1241年），蒙古族，蒙古帝国第二任大汗，史称"窝阔台汗"，死后庙号太宗。

● 横扫亚欧的铁血大汗

孛儿只斤·窝阔台是元太祖的第三个儿子，出生于漠北草原，从小跟随元太祖四处征战，成长为骁勇善战的勇士。

1203年，元太祖和王汗决战，十八岁的窝阔台参加战斗，被流矢射中脖子，血流不止。窝阔台带伤杀敌，拼死一战，最终与元太祖主力会合，一举击溃敌军。

元太祖有四个嫡子，元太祖根据他们的特长，安排他们执掌不同的职权。窝阔台因为文武双全，富有谋略和远见，主管朝政；元太祖又让自己最喜欢的第四个儿子拖雷主管军队。1219年，元太祖西征，也遂皇后说："大汗年事已高，如果不能及时找到接班人，等到百年之后，孩子们可能会因为大汗之位自相残杀，蒙古帝国也将面临四分五裂的局面。"元太祖经过深思熟虑，当场召见各位儿子及亲属，指定窝阔台为汗位继承者。

随后，窝阔台跟随元太祖西征，用了七年时间，攻占大片土地，一直达到了锡尔河流域（今乌兹别克斯坦境内），直到1225年才班师返回。

元太祖临终前，担心儿子们互相攻杀，将他们召集起来，再次重申立窝阔台为继承人，要求各位儿子精诚团结，尽心辅佐。窝阔台虽然得到元太祖指认，但蒙古族传统的"忽里勒台"大会仍然有很大的影响力，蒙古大汗需要经过与会贵族推选，才能正式即位。

大汗之位空缺期间，由拖雷监国摄政。两年后，"忽里勒台"大会召开，蒙古贵族们争吵了四十多天，有人提议拖雷当大汗。当时，元太祖的大儿子已死，二儿子察合台支持窝阔台，拖雷孤掌难鸣，终于接受了现实，窝阔台正式成为蒙古帝国的合法继承人，是为元太宗。

元太宗即位，下令严守元太祖制定的法令，重用名臣耶律楚材，进行大刀阔斧的改革，完善国家制度。当时，有大臣建议杀光汉人，将农田改为牧地，耶律楚材坚决反对，建议根据地域不同发生农业、手工业和商业，制定赋

▲ 元太宗重用耶律楚材

税标准，元太宗同意让他试行。到第二年秋季，元太宗到西京（今山西省大同市）巡视，见到耶律楚材征收的钱帛米粮堆积如山，大为高兴，当即让他担任丞相，管理黄河以北的事务，为后来灭金提供了很好的兵力和财力支持。

在耶律楚材的影响下，元太宗开始重视治理中原地区，保存人口，不再动辄（zhé）屠城；同时兴办国学，录用儒生，接受汉文化，将孔子的后人封为衍圣公，为孔子重修祠堂，任用汉人为官。这些举措让蒙古帝国的实力更加强劲。

元太祖去世前，遗命"联宋灭金"。元太宗即位，马上实施这个战略。1230年秋季,元太宗与拖雷兵分两路,迅速攻占了金朝大片领土。第二年,又兵分三路,穿过宋朝境内,对金朝京城汴京(今河南省开封市)形成了包围之势。尽管金朝军民也进行了一些抵抗,但败多胜少,1234年春季,在宋军的助攻下,金哀宗自缢身亡,金朝灭亡。

蒙古军队灭金之后撤回北方,宋军趁机出兵,企图收复旧地。元太宗决定南侵,兵分两路攻宋。1235—1241年,蒙古军队连年出兵,不断掠夺宋境的财货人口,经常屠城,遭到南宋军队的顽强抵抗。蒙古虽然在军事上占据上风,但始终无法灭亡南宋。

和南宋对峙期间,元太宗开始西征。1235年,他调集十五万大军,从蒙古高原出发,占领了大半个俄罗斯,攻陷莫斯科,一直打到东欧的波兰和匈牙利,使蒙古帝国的疆土得到进一步扩张。

当蒙古大军势如破竹,横扫整个亚欧大陆之时,元太宗被胜利冲昏了头脑,将扩张的任务交给手下将领,自己沉迷于享乐,每天痛饮美酒,彻夜不休。耶律楚材拿着铁制酒槽劝谏说:"这些铁长时间被酒侵蚀,都裂开了口子,何况是人的身体呢。"但元太宗始终不听。

1241年,元太宗在一次欢饮之后突然中风,不久死于宫殿之中,终年五十六岁。

元史·太宗本纪

经典原文与译文

【原文】始立朝仪,皇族尊属皆拜。颁大札(zhá)撒。金遣阿虎带来归太祖之赗(fèng),帝曰:"汝主久不降,使先帝老于兵间,吾岂能忘也,赗何为哉!"却之。遂议伐金。——摘自《元史·卷二》

【译文】元太宗开始确立朝廷礼仪,皇族成员以及辈分高的亲属都要下拜。之后元太宗颁行大札撒法令。金朝派遣使者阿虎带送来元太祖葬礼的助丧财物,元太宗说:"你们的君主很久都不投降,让先帝长期身处军中,我怎么能忘记?送来助丧的财物又有什么用?"于是拒绝了他,商议讨伐金朝。

词语积累

攻城略地:进行军事扩张,掠夺土地。

量时度力:衡量时势,估计力量。

宪宗本纪

孛儿只斤·蒙哥（1209—1259年），蒙古族，蒙古帝国的第四任大汗，史称"蒙哥汗"，死后庙号宪宗。

扭转乱局的大汗

孛儿只斤·蒙哥是元太祖第四个儿子拖雷的长子，他出生后，一个善于观测天象的人对元太宗说："这个孩子将来贵不可言。"于是元太宗将他收为养子，让皇后亲自抚养。

蒙哥长大后性情刚毅，沉默寡言，不喜欢宴饮和奢侈的生活，跟随元太宗东征西讨，成长为重要将领之一。

父亲拖雷死后，蒙哥继承了他的封地。几年后，元太宗下令第二次西征，蒙哥率领蒙古军队从今天的新疆出发，一直打到里海沿岸。钦察汗国的首领抵挡不住蒙古军

元史·宪宗本纪

队的攻势,逃到一个小海岛上躲避。蒙哥率领大军攻到海边,突然刮起一阵大风,将海水吹开,蒙哥大喜,对部下说:"这是老天爷在帮助我们。"下令进军,活捉钦察可汗。钦察可汗说:"我躲到海岛上,就像鱼回归大海,你能有什么办法?如今被捉真是天意,水马上要涨起来了,你可以退兵了。"蒙哥立刻撤退,刚回到对岸,海水就上涨了。蒙哥带兵继续征讨,控制了俄罗斯大片土地。

▼ 蒙哥西征欧洲

在蒙哥西征之时，元太宗突然驾崩，临终前来不及指定继承人，蒙古大汗之位空缺。元太宗的皇后乃马真氏趁机掌权，成为实际统治者。乃马真皇后在位五年后病逝，儿子贵由继位，是为元定宗。元定宗身体不好，在位两年就病逝了，元定宗的皇后趁机主持朝政。元定宗母子在位期间，肆意破坏元太祖的成法，任用庸才，蒙古帝国的混乱局面持续多年，大汗之位一直空缺，长达三年。

这时，与蒙哥一起远征的拔都站出来，号召各贵族大臣到他的封地召开"忽里勒台"大会，商议推举新大汗。拔都是元太祖的大儿子术赤的嫡子，战功卓著，年辈居长，一直与贵由不和。拔都盛赞蒙哥的功劳，主张由他继承大汗之位。蒙哥的母亲也积极活动，最终获得大多数人的支持，蒙哥被推举为大汗，是为元宪宗。元宪宗虽然成功即位，但元太宗家族不予承认，埋下了蒙古帝国分裂的伏笔。

元宪宗继位后，任用贤能，诛杀乱臣贼子，将乃马真皇后母子滥发的诏令、令牌全部收回，严禁贵族以个人名义征收赋税，接受朝供，限制众王的权力。国家所有诏令旨意都由皇帝亲自起草，多次审核后才能推行，改变了政出多门的乱象。

稳定内部局势后，元宪宗于1252年命令四弟忽必烈带领主力部队，从已经归附蒙古帝国的吐蕃（今西藏自治区）

借道，进攻位于云贵高原的大理国，仅用两年，就迫使大理末代皇帝投降，完成了对南宋的迂回包抄。

1253年，元宪宗命令六弟旭烈兀率领十万大军从漠北草原出发，开始西征，这场西征持续了七年，直到元宪宗病逝才宣告结束。蒙古军队先后占领了今天的伊朗、伊拉克、叙利亚等国家，一直打到埃及边境。

翦（jiǎn）灭大部分对手后，元宪宗开始加快灭亡南宋的步伐。1258年，元宪宗亲自领兵，又派遣忽必烈和另一位大将各领一军，分三路进攻南宋。元宪宗屡战屡捷，进攻至南宋西部重镇合州（今重庆市合川区）。合州是宋朝西部门户，据险筑城，苦心经营十数年，十分坚固，被称为钓鱼城。蒙古军队在钓鱼城受阻，元宪宗亲自指挥，依然久攻不下。

第二年，元宪宗突然病逝于钓鱼城，终年五十一岁。元宪宗死前来不及指定继承人，蒙古帝国内部再次掀起争夺汗位的大戏，导致了帝国的分裂，最终形成四大汗国，这对当时的世界格局造成了重大影响。

经典原文与译文

【原文】帝闻，亟（jí）进师，至其地，适大风刮海水去，其浅可渡。帝喜曰："此天开道与我也。"遂进屠其众，擒八赤蛮，命之跪。八赤蛮曰："我为一国主，岂苟求生？且身非驼，何以跪人为？"乃命囚之。——摘自《元史·卷三》

【译文】元宪宗听到消息后，立刻进兵，到了那个地方，正好遇见大风把海水吹走，水非常浅，可以渡过。元宪宗高兴地说："这是上天为我开路。"于是进军屠杀敌人，生擒钦察可汗八赤蛮，命令他下跪。八赤蛮说："我作为一国之主，怎么能够苟且偷生？何况我不是骆驼，为什么要给人跪下呢？"于是元宪宗命人囚禁了他。

政出多门：政令出自几个卿大夫门下。比喻国家权力分散。

殆无虚日：殆，几乎；虚，空虚。几乎没有一天是空闲的。

世祖本纪

> 孛（bó）儿只斤·忽必烈（1215—1294年），蒙古族，蒙古帝国第五任大汗，尊号"薛禅汗"，元朝开国皇帝，我国著名政治家、军事家，死后庙号世祖。

● 元朝的开国帝王

孛儿只斤·忽必烈是拖雷的第四个儿子，蒙哥大汗的弟弟，在母亲的影响下，年幼的忽必烈就对汉文化很感兴趣。忽必烈长大后英明睿智，对母亲极为孝顺。

1238年，蒙古军队进驻邢州（今河北省邢台市），忽必烈手下官员对他说："邢州属于你的封地，以前人口多达上万户，现在兵祸连年，只剩下几百户。需要安排尽职的官员管理，让百姓休养生息。"忽必烈接受建议，任用汉人为官，邢州逐渐恢复生机。

1251年，元宪宗继承大汗之位后，认为在各位弟弟中，忽必烈能力最强,因此任命他总管漠南汉地事务。有一次,元宪宗派遣蒙古官员巡视赋税情况,来到忽必烈管理的燕地(今河北省北部、北京市一带)。蒙古官员一天之内就刑杀二十八人。

有一个人因为盗马受了杖刑,刚刚放走,恰好蒙古官员得到一柄宝刀,他为了试一下宝刀锋利与否,又将放走的盗马贼抓回,亲手杀了他。

▼ 忽必烈责问蒙古官员

忽必烈知道后，责问这名蒙古官员说："凡是犯了死罪，必须要经过详细审讯才能行刑，你一天就杀了二十八个人，其中一定有无辜的人。而且，你已经杖刑盗马贼，为什么还要杀他？"该蒙古官员被问得哑口无言。

第二年，忽必烈奉命借道吐蕃（今西藏自治区），南下攻打大理国，仅用两年时间，就俘虏了大理国末代皇帝。几年之后，元宪宗决定兵分三路攻打南宋，忽必烈在开平（今河北省唐山市）誓师，带兵南下，仅用十个月的时间就进攻到长江边的鄂州（今湖北省鄂州市）城下。

这时，传来元宪宗驾崩的消息，众人请忽必烈马上北归，争夺蒙古大汗之位。忽必烈说："我奉命南下灭亡宋朝，还没有成功，怎么可以退军。"下令继续猛攻，在多次猛攻获胜。

忽必烈的七弟阿里不哥在蒙古贵族的拥立下，图谋大汗之位，频繁调动兵力，情况十分紧急。忽必烈的妻子一面努力缓和局势，对阿里不哥的手下大将说："军队调动是大事，虽然大汗去世，但太祖皇帝的嫡系曾孙还在，为什么要瞒着他？"同时紧急通知忽必烈。

忽必烈派副将继续屯兵湖北，声称要攻打南宋都城临安（今浙江省杭州市），宋朝宰相贾似道主动提出讲和，请求割地赔款。忽必烈这才挥师北上，与蒙古各王爷积极联络,获得支持后即位大汗,是为元世祖。元世祖即位后,与阿里不哥展开了长达四年的战斗,最终迫使他投降。

1271年,元世祖改国号为"大元",定都大都(今北京市)。元世祖成为元朝首位皇帝,大都由此成为国际化大都市和此后几百年的政治中心。

元世祖地位稳固之后,开始大量任用汉人为官,学习汉人制度。他在地方上首次创立"行省制",至今仍在沿用;在经济上发行纸币,改革财政,重视对外贸易;在文化上推行宗教信仰自由,佛教、道教、伊斯兰教、基督教等和谐共存。在宽松的政策下,元帝国的实力与日俱增。

这时候,蒙古帝国的领土已经横跨欧亚,蒙古骑兵所到之处,无不纳土称臣,唯有东南地区偏安一隅的南宋还在坚持。经过与宋朝降将的沟通,元世祖决定首先进攻南宋上游的战略要地襄阳(今湖北省襄阳市),然后顺长江东进,襄樊之战就此爆发。

驻扎在襄阳、樊城的宋军在大将吕文焕的指挥下,死守待援,元军虽然在野战中屡占上风,不断压缩宋军防线,但直到六年后才攻陷襄阳城。

襄阳失守后,南宋门户大开,大将伯颜一路东进,宋恭帝命令贾似道调集十三万大军抵挡元军,贾似道行动极为缓慢,还没有开战就抛下主力独自逃跑,宋军大败。

元史·世祖本纪

　　1276年，元军攻占临安，南宋灭亡。三年后，元军在崖山（今广东省江门市新会区境内）全歼南宋残余势力，再次统一全国。

　　与此同时，元世祖还曾经两次派出大规模战船进攻日本，但都失败而归。

　　元世祖晚年，妻子、继承人相继病逝。在双重打击之下，他开始无节制地暴饮暴食，于1294年病逝，终年八十岁。

经典原文与译文

　　【原文】宪宗令断事官牙鲁瓦赤与不只儿等总天下财赋于燕，视事一日，杀二十八人。其一人盗马者，杖而释之矣，偶有献环刀者，遂追还所杖者，手试刀斩之。帝责之曰："凡死罪必详谳（yàn）而后行刑，今一日杀二十八人，必多非辜。既杖复斩，此何刑也？"不只儿错愕不能对。——摘自《元史·卷四》

　　【译文】元宪宗命令断事官牙鲁瓦赤和不只儿等人，在燕地总管天下的财物赋税，不只儿就职治事一天，杀了二十八个人。其中有一个人盗窃马，被处以杖刑后释放了，偶然有人献了一把环刀，于是不只儿把受杖刑的人追回来，亲手试用刀，斩杀了他。元世祖责怪不只儿说："但凡死罪，必须详细审判定罪然后才能行刑，现在你在一天之内杀了二十八人，必定很多人是无辜的。对那个盗马贼，既然已经实施了杖刑却又斩杀他，这是什么刑罚？"不只儿仓促之间感到惊讶，不能应对。

不谋而同：谋，商量；同，相同。事先没有商量过，意见和行动却一致。

兴利除害：兴办对国家有利的事情，除去弊端。

顺帝本纪

> 孛儿只斤·妥欢帖睦儿（1320—1370年），蒙古族，元朝全国统一政权的末代皇帝，明朝上谥号为顺帝，北元上庙号为惠宗。

● 元朝的末代皇帝

孛儿只斤·妥欢帖睦儿的父亲和世㻋（là）是元武宗之子。元武宗与弟弟元仁宗达成协议，将帝位传给元仁宗，元仁宗死后，将帝位传给和世㻋。

元仁宗继位后，不愿意履行诺言，迫害和世㻋，和世㻋被迫逃到察合台汗国避难，在金山（今阿尔泰山）娶了回族女子为妻，生下妥欢帖睦儿。妥欢帖睦儿出生没多久，母亲去世，从此一直与父亲生活在金山。

元朝自从1294年元世祖驾崩后，就处于频繁的帝位更迭中。和世㻋流亡期间，元朝政局持续动荡，元仁宗死后，短短八年里，更换了三个皇帝。经过复杂的权力斗争，直到1329年，大臣拥立在察合台汗国的和世㻋为帝，是为元明宗。

元明宗即位不久，动身返回京城大都（今北京市），在途中暴毙而亡，十一岁的妥欢帖睦儿得以回到京城。元明宗的弟弟元文宗再次登基。

元文宗不愿侄儿妥欢帖睦儿有机会为帝，将他贬黜到高丽（今朝鲜半岛），不准与外人接触；接着，又以妥欢帖睦儿不是元明宗的亲生儿子为由，将他贬黜到静江府（今广西壮族自治区桂林市）。

元文宗死后，又经过了复杂的斗争，在元文宗皇后的支持下，妥欢帖睦儿被拥立为皇帝，是为元顺帝。

元顺帝继位后，朝政大权被权臣伯颜控制。伯颜当权，不仅排除异己，聚敛钱财，还与太皇太后有私情；同时伯颜是顽固的保守者，对汉人有很大的敌意，拒不接受汉文化，对汉人制定了很多禁令，废除了科举制度，甚至主张将张、王、刘、李、赵五姓的汉人全部杀光，极大地激化了民族矛盾，导致局势更加动荡不安。

伯颜的侄子脱脱看到叔父权倾朝野，飞扬跋扈，甚至向皇帝索要"大丞相"这样的官职，严重触碰了底线，害怕任叔父肆意妄为，会牵连全族，开始暗中和伯颜划清界限。元顺帝随着年龄的增长，也筹划从伯颜手中夺回政权，于是提拔脱脱为近臣。

1340年，脱脱趁着伯颜外出打猎，关闭城门，让他无法进城，随后劝说元顺帝下诏，免除伯颜的官职，将他调任外地，后来伯颜在中途病死。

元顺帝正式亲政，改年号为至正，任命脱脱为丞相，开始一系列改革，史称"至正新政"。新政期间，朝廷为冤死的臣子昭雪平凡，恢复科举制度，选拔人才，整顿吏治，豁免赋税，完善法制，派脱脱编纂宋、辽、金三朝的史书。

"至正新政"在一定程度上缓和了社会矛盾，但脱脱执政仅四年，就因病辞去官职。此后几年，元顺帝依然坚持初心，但他所任用的官员大多没有作为，无法根除朝政的弊端。

1344年，黄河流域发生特大洪水，水患长达五年，无法平息，政府财政危机严重，脱脱二次拜相，实施了治理黄河、铸造铜币等措施。

治理黄河需要征发大量民工，元朝的吏治已经烂到了根上，贪官污吏们借机牟利，民怨沸腾，终于爆发了全国范围的大起义。

面对天下大乱的局面，元顺帝失去了锐意进取的信心，开始沉迷酒色，任用奸邪。脱脱不断受到诬陷，含冤而死。

▲ 元顺帝逃离大都

随后,南方的红巾军起义如火如荼,元朝的大臣、皇太子还在无休止地内斗,局面越来越混乱。

这时,明太祖朱元璋已经扫平了江南各路义军,统一了南方,在应天府(今江苏省南京市)称帝,建号大明,命令大将徐达北伐。明军一路势如破竹,各地纷纷投降。

面对来势汹汹的明军,以元顺帝为首的蒙古贵族束手无策,没有一人想要抵抗,仅有一名宦官表示愿意率领军民死战,苦劝元顺帝固守待援。

元顺帝说:"现在都什么时候了,你想让我成为宋徽宗、

元史·顺帝本纪

宋钦宗吗?"到了晚上,元顺帝就带着太子、嫔妃及群臣逃走了。

1368年八月,明军北伐仅用了十个月,就已经来到大都城下,而大都城已经是一座空城。元朝在全国的统治就此结束,北元开始。

元顺帝一路往北狂逃,而元军也节节失利。两年后,元顺帝病逝于应昌城(今内蒙古自治区赤峰市),终年五十一岁。

经典原文与译文

【原文】帝御清宁殿,集三宫后妃、皇太子、皇太子妃,同议避兵北行。失列门及知枢密院事黑厮、宦者赵伯颜不花等谏,以为不可行,不听。伯颜不花恸哭谏曰:"天下者,世祖之天下,陛下当以死守,奈何弃之!臣等愿率军民及诸怯薛歹出城拒战,愿陛下固守京城。"卒不听。——摘自《元史·卷四十七》

【译文】元顺帝登临清宁殿,召集三宫的后妃、皇太子、皇太子妃,共同商议北上躲避兵祸。大臣失列门以及知枢

密院事黑厮、宦官赵伯颜不花等人劝说，认为这办法不可行，元顺帝不听。赵伯颜不花痛哭劝谏说："天下是世祖的天下，陛下应该誓死守护，怎么能抛弃呢！臣等愿意率领军民和各怯薛歹将士出城抵御抗击，希望陛下固守京城。"元顺帝最终没有听从。

若涉渊冰：比喻处境危险。

春秋鼎盛：春秋，指年龄。比喻正当壮年。

伯颜列传

> 伯颜（1236—1295年），蒙古族，蒙古八邻部人，大蒙古国至元初名将。

德才兼备的名将

伯颜的家族自曾祖父开始，就跟随元太祖征战天下，每一代都为蒙古帝国的崛起立下了功劳。

伯颜从小在西域长大，富有谋略，善于决断。元宪宗时，他跟随父亲参与西征。元宪宗死后，西征军主帅、元宪宗的弟弟旭烈兀建立伊利汗国，宣布支持元世祖成为蒙古大汗，于1264年派遣伯颜朝见元世祖。

元世祖看到伯颜容貌伟岸，非常喜爱，说："这样的人才应该为我所用。"让他留在身边参谋国事，并将右丞相的妹妹许配给他，对右丞相说："你的妹妹嫁给伯颜，不会亏待了你们家。"

伯颜主动接受汉文化,不但对中原历史非常了解,还学习诗歌创作。这种态度与元世祖不谋而合,因此伯颜不断受到重用,仅一年之后,就被提升为左丞相。

伯颜的行政能力很强,很多疑难问题,三言两语就能解决。朝中大臣非常佩服,说:"伯颜才是真丞相。"

1274年,元世祖决定进攻南宋,命令伯颜主管荆湖行省事务。几个月后,伯颜奉命南征,临行前,元世祖说:"当年北宋名将曹彬不嗜杀戮,顺利平定江南,希望你成为朕的曹彬。"

元军攻占南宋上游重镇襄阳(今湖北省襄阳市)之后,兵分三路进发。伯颜率领中路军,顺汉江而下,进攻郢(yǐng)州(今湖北省钟祥市)。元军到达郢州城下,发现郢州城防御森严,很难攻破。

众将忧虑地说:"郢州是兵家必争之地,如果不攻下,将来会有后患。"伯颜说:"我们这次南下是为了征服南宋,难道只为一座城吗?"下令放弃郢州,绕道攻击其他城池,连战连捷,占领了汉江下游大片土地。

元军所向披靡,让南宋大为震惊,立刻派遣淮西制置使夏贵带领十多万大军、战舰一万余艘,来到汉江与长江交汇处的各要塞进行阻击。

面对宋军精锐,伯颜采取声东击西的战术,派兵围困

元史・伯颜列传

驻扎在汉阳（今湖北省武汉市汉阳区）的宋军，扬言从汉口进攻，夏贵急忙派遣精锐部队支援。伯颜立刻猛攻宋军防备薄弱的地方，元军战船成功驶入长江。

伯颜手下的将领看到宋军有许多战船，想要据为己有，伯颜说："我们不能因为蝇头小利而放弃大功。"拒绝了部将的建议，继续进军，直抵夏贵主力。

夏贵大惊，带着数千亲军逃跑，宋军几乎全军覆没。众将气势正盛，纷纷想要追击，活捉夏贵，伯颜说："我要让宋人知道兵败的消息，夏贵正好帮我传递消息。"

元军进入长江，控制了大江两岸，南宋赖以生存的天险完全失效。虽然有些地方奋力抵抗，但大部分守将都望风投降，元军长驱直入。伯颜率领大军东进，一直打到丁家洲（今安徽省铜陵市）。

宋朝权臣贾似道带兵十三万前来抵抗。伯颜下令骑兵分为两路，沿长江两岸冲锋，水师在江中放炮配合。宋军本来就军心不稳，贾似道听到炮声，还没有交战，就弃军而逃，南宋的主力部队彻底覆灭。

伯颜继续进军，仅用不到一年，就围困了临安城（今浙江省杭州市）。宋恭帝遣使讲和，伯颜说："你们想要讲和，是想要效仿吴越王钱俶（chù）纳土讲和，还是效仿南唐后主李煜（yù）投降？当年，宋朝欺负孤儿寡母得了

▲ 伯颜接受宋朝投降

天下,如今在小儿手下失了天下,这是报应,还说什么?"

1276年,宋恭帝投降,南宋灭亡。伯颜又派兵剿灭南宋小朝廷,最终统一全国。

伯颜回朝后,不居功自傲,反而将功劳归于副手。权臣阿合马想要获得珍宝,伯颜只把随身所带的玉佩送给阿合马,说:"我这次平定南宋,一无所取。"阿合马便诬告他私吞宋朝财物。元世祖将伯颜革职,经过调查才知道是诬告,于是让他官复原职。

平定宋朝后,伯颜又多次奉命剿灭北方蒙古贵族的叛乱，立下了汗马功劳。元世祖去世后，伯颜总领朝政，拥立元世祖的孙子铁穆耳为帝，是为元成宗。当年十二月，伯颜病逝，终年六十岁。

伯颜深谋善断，带领二十万人攻打宋朝，像是指挥一个人一样轻松自然，士兵们将他奉为神明。攻灭宋朝后，伯颜从来不说功劳，是元朝初年德才兼备的名将。

经典原文与译文

【原文】丙戌，伯颜至江州，即以师夔（kuí）为江州守。师夔设宴庚公楼，选宋宗室女二人，盛饰以献，伯颜怒曰："吾奉圣天子明命，兴仁义之师，问罪于宋，岂以女色移吾志乎！"斥遣之。——摘自《元史·卷一百二十七》

【译文】元世祖至元十二年春正月丙戌日，伯颜来到江州（今江西省九江市），立刻任命吕师夔为江州守将。吕师夔在庚公楼设宴招待伯颜，选了宋朝宗室的两个女子，隆重装扮后献给伯颜，伯颜怒道："我奉圣明天子英明的命令，率领仁义的军队向宋朝问罪，怎么能用女色改变我的志向呢？"他斥责吕师夔，把两个女子打发走。

词语积累

孤注一掷(zhì)：孤注，最后的赌注；一掷，赌博时用赌具投掷一次。赌徒把所有筹码押上，拼最后的输赢。比喻在危急关头，使出全部力量冒险一试。

如履平地：履，踩。像走平地一样。比喻完成某项事情或工作很轻松。

元史·脱脱列传

脱脱列传

> 脱脱（1314—1356年），蒙古族，字大用，又名脱脱帖木儿，蔑里乞氏，元朝末年政治家、军事家。

● 元朝的末代贤相

脱脱出生于蒙古贵族家庭，一直在叔父伯颜家中长大。

脱脱年少时聪明过人，可以拉开一石的强弓，展现出名将潜质。家人找来著名儒士吴直方做他的启蒙老师，在吴直方的教导下，脱脱接触到儒家文化，对先贤们的事迹心驰神往，将他们的言行抄录下来，作为自己奋斗的榜样。吴直方不但是脱脱的老师，后来也成为他的重要幕僚。

脱脱在十五岁时成为皇太子的属官。元文宗继位后，脱脱正式在朝廷担任官职，元文宗看到脱脱后，说："这个年轻人将来一定可以成大事。"

当时，元朝内部的权力斗争十分激烈，政局动荡。

脱脱的叔父伯颜拥立元顺帝继位,政局慢慢稳定下来。

伯颜大权在握,肆无忌惮地任用奸佞,滥杀无辜,将国家的精兵、钱粮据为己有,引起元顺帝的不满。伯颜将脱脱视为自己人,对他很信任,不仅提拔重用,而且让他监视元顺帝的行动。

脱脱担心伯父的跋扈会让家族遭到灭顶之灾,对父亲说:"如果皇帝真的要清算伯父,整个家族都会被杀,咱们要早做打算。"父亲认同他的话,但畏惧伯颜的权势,举棋不定。

脱脱无奈,找到老师吴直方,吴直方说:"古人说'大义灭亲',男子汉大丈夫一定要忠于国家,不要有所顾虑。"脱脱坚定了选择,与元顺帝的心腹取得联系,谋划推翻伯颜。

伯颜不知道侄子的心思,依然骄纵不法。他对汉人充满敌意,而脱脱屡次暗中维护汉人,阻止伯颜政策的实施。伯颜得知大怒,对元顺帝说:"脱脱虽然是臣的侄子,但他专门保护汉人,请陛下治罪。"元顺帝说,政令是他下达的,与脱脱无关。

伯颜从此开始防备脱脱。几个月后,伯颜出城打猎,脱脱抓住机会,和元顺帝的亲信密谋,关闭城门,控制城中军队,下达诏书历数伯颜的罪状,将他罢官贬谪。

▼ 脱脱协助元顺帝罢黜伯颜

在元顺帝即位之前的三十多年里,元朝经历了十位皇帝,权贵们忙着争权夺利,无心朝政;而统治阶级内部一直在汉化问题上摇摆,导致民族矛盾和阶级矛盾十分尖锐。

元顺帝掌权之后,很想有一番作为,他任命脱脱为丞相,主持改革。脱脱废除伯颜当政时的弊政,恢复科举制度,任用汉人和儒学之士。大量饱学之士受到重用,汉儒们知无不言,朝廷风气焕然一新,人们都称脱脱为"贤相"。

大量人才聚集朝廷,元顺帝下令编纂宋、辽、金三朝史书,任命脱脱为总编纂官,在饱学之士的共同努力下,仅用两年半就编纂完成,跻身后世广泛认可的官方正史《二十四史》。

脱脱执政三年多后,突然得了一场重病,身体越来越衰弱,无力承担繁重的工作,申请辞职,先后上书十七次,元顺帝才同意。虽然脱脱辞职,但他的政策继续执行,国内矛盾逐渐缓和。

正当一切向好之时,黄河决口,沿岸几千里的土地遭灾,百姓流离失所。面对天灾,朝廷束手无策,以至于河患五年都没有得到有效治理,已经缓和的社会矛盾再次激化,多地出现农民起义。

危难之际,脱脱于1349年二次拜相,从财政和治河两大重要事情入手,稳定局面。在财政方面,脱脱发行"至正新币"，用以稳定物价，群臣消极怠工，新币发行后很快就引发通货膨胀，货币改革宣告失败。

为了治理黄河，脱脱力排众议，任用贾鲁，发动民夫十七万，最终将堤坝修筑完毕，控制了河患。

脱脱对症下药的两大政策，在执行时却出现了问题。当时，元朝的吏治已经极其腐败，各级官员贪赃枉法，无论是朝廷赈灾、治河还是实施其他政策，他们都能将利民政策变成害民政策。

1351年，全国范围内爆发大起义，以红巾军最为强大。脱脱奉命平乱，红巾军抵挡不住元军，转入低潮。朝中一些奸佞之徒眼见天下已经安定，便在元顺帝面前恶意中伤脱脱，元顺帝听信谗言，在脱脱与起义军首领张士诚决战之前，临阵换将，导致军心大乱，一溃千里。

1354年，脱脱被罢官，他的政敌却一定要置他于死地，于第二年矫诏逼迫脱脱服毒自尽，脱脱终年四十三岁。

经典原文与译文

【原文】九月，师次徐州，攻其西门。贼出战，以铁翎（líng）箭射马首，脱脱不为动，麾军奋击之，大破其众，

入其外郛(fú)。明日,大兵四集,亟攻之,贼不能支,城破,芝麻李遁去。——摘自《元史·卷一百三十八》

【译文】元顺帝至正十二年九月,军队驻扎在徐州(今江苏省徐州市),攻击徐州城的西门。贼兵出城迎战,用铁翎箭射脱脱的马头,脱脱不为所动,指挥军队奋起攻击,大破敌军部众,进入徐州城的外城。第二天,主力大军四面聚集,立刻进攻城池,贼军不能抵挡,城池被攻破,头领芝麻李逃跑。

词语积累

飞鹰走狗: 放出老鹰、猎犬追捕猎物。比喻打猎游荡的生活。

大义灭亲: 为了遵守大义,不惜杀掉自己的亲人。比喻维护正义,不徇私情。

耶律楚材列传

> 耶律楚材（1190—1244年），契丹族，字晋卿，号玉泉老人、湛然居士，燕京（今北京市）人，蒙古帝国政治家、学者。

● 开章立制，谋定天下

耶律楚材是辽朝皇族后裔，他的家族从祖父开始在金朝为官。

父亲耶律履官至丞相，在六十岁时生了耶律楚材，非常高兴，说："这个儿子是我家的千里马，将来必成大才，并且会被异国任用。"于是根据《左传》"虽楚有材，晋实用之"的典故，为儿子取名楚材，字晋卿。

耶律楚材四岁时，父亲去世，由母亲亲自教育，学习中原文化，长大后精通经史、卜算、医药、天文、地理，成长为一个博学多才的青年英杰。

当时的蒙古还留存着部落习惯，通过卜算决定大事。耶律楚材的治国大略无法施展，只能利用卜算的本领，不断劝谏元太祖减少杀戮，尊重儒士。

一个西夏工匠嘲讽道："国家正在使用武力征讨天下，要儒生干什么？"耶律楚材答道："造弓箭，当然需要工匠，治理天下，则要用天下匠。"元太祖闻言大喜，更加倚重他，临终时对继承人窝阔台说："这个人，是上天赐给我们家的大才。"

元太祖死后，由他的四儿子拖雷监国两年，经过"忽里勒台"大会推举，确定由窝阔台继承大汗之位。掌握兵权的拖雷认为应该另外寻找吉利日子举行继位仪式。

耶律楚材担心夜长梦多，说："过了今天就没有吉利日子了。"主张立即继位。

为了防止其他贵族不服，耶律楚材对窝阔台的二哥说："你是陛下的兄长，只要主动参拜陛下，就没有人敢不服了。"元太宗就此坐稳了大汗之位，对耶律楚材说："你真是社稷之臣！"

元太宗继续攻打金朝。蒙古帝国缺乏治理中原的经验，管理模式简单粗暴。耶律楚材根据"以儒治国"的原则进献十八条主张，约束蒙古军队，极力反对一些蒙古贵族将中原土地变为草原的建议。

他说："中原富庶无比，大汗要是想持续作战，就需要利用中原的资源获得军费。"建议得到认可后，耶律楚材制定一系列课税制度，看到大量钱财源源不断地送来，元太宗非常高兴，任命他为丞相，事情无论大小，都要汇报给他。

通过一系列措施，蒙古帝国实力大增，兵临金朝都城汴京（今河南省开封市），遭遇不少抵抗后占领汴京。按照蒙古旧制，只要敌方稍作反抗，城破之后，就会屠城。

耶律楚材连忙跑到元太宗面前，说："咱们打了这么多年仗，不就是为了土地和百姓吗？得了土地没有百姓，打仗还有什么意义？"

看到元太宗犹豫不决，耶律楚材立刻改变策略，说："能工巧匠都藏在这里，屠城后可就没有了。"元太宗对能工巧匠非常重视，同意只诛杀完颜氏，一百四十七万汴京百姓得以保全。

灭亡金朝后，耶律楚材招揽大量儒学之士，讲解儒家经典，整理文章典籍。他上奏元太宗说："制造弓箭器械需要好工匠，治理国家需要儒学之士，这个事情需要几十年的积累才能成功。"

▲ 耶律楚材招揽儒生

元太宗听从了耶律楚材的建议,命令通过考试选择儒士为官,得到四千三百多人,其中四分之一脱离了奴隶身份。

在耶律楚材的努力下,蒙古帝国大量吸收汉文化以及中原王朝的先进制度,奠定了元帝国一统天下的基础。

元太宗死后,皇后乃马真当政,完全偏离了元太宗既定的国策。耶律楚材愤怒不已,对乃马真说:"事情要是合理,臣自然遵从;事情要是不合理,臣连死都不怕。臣侍奉太祖、太宗三十多年,没有辜负国家,难道你还要杀了臣吗?"乃马真不敢杀耶律楚材,将他排挤出政治核心。

耶律楚材看到自己确立的国策被一点一点推翻,忧愤而死,终年五十五岁。

经典原文与译文

【原文】时河南初破,俘获甚众,军还,逃者十七八。有旨:居停逃民及资给者,灭其家,乡社亦连坐。由是逃者莫敢舍,多殍(piǎo)死道路。楚材从容进曰:"河南既平,民皆陛下赤子,走复何之!奈何因一俘囚,连死数十百人乎?"帝悟,命除其禁。——摘自《元史·卷一百四十六》

【译文】当时,蒙古军队刚刚攻破河南,俘虏了很多百姓,军队北还之时,被俘虏的百姓逃跑了七八成。有圣旨说:收留逃脱的百姓,以及资助他们的人,诛灭全家,所在乡社也要一同受罚。由此逃跑的人不敢在民房内住宿,

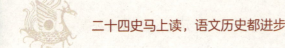

很多人饿死在路上。耶律楚材私底下进言说:"河南既然已经平定,百姓都是陛下的子民,走又能走到哪里呢?为什么因为一个俘虏,连累几百人死亡呢?"元太宗醒悟,命令解除这项禁令。

三纲五常:三纲,父为子纲、君为臣纲、夫为妻纲;五常,仁、义、礼、智、信。指封建礼教制定的道德标准。

声色俱厉:俱,都;厉,严厉。说话的声音和神色都很严厉。

元史·张弘范列传

张弘范列传

> 张弘范（1238—1280 年），字仲畴，易州定兴县（今保定市定兴县）人，元初名将。

● 文武兼备的将帅之才

张弘范是元初名将张柔的第九个儿子，自幼练就一身好武艺，善于使用马槊（shuò）。

张柔是金朝境内的汉族地方豪强，非常重视孩子的教育，聘请大儒郝经担任张弘范的老师。在郝经的教导下，张弘范的文化水平很高，诗歌也很有特色。

张弘范出生时，金朝已经灭亡，他成年后成为蒙古军队的普通将官。由于兄长调任他职，张弘范接管兄长的工作。蒙古军队的军纪很差，张弘范接任后对骄纵不法的蒙古士兵处以杖刑。蒙古军人来到张弘范的辖区，没有人敢以身试法。

元世祖继位初年,以主要兵力对付弟弟阿里不哥的叛乱,山东的军阀李璮(tǎn)趁机起兵反元。张弘范临危受命,担任行军总管,参与平定叛乱。

临行时,经验丰富的张柔对儿子说:"在围城之时,一定要不避艰险,你没有懈怠的心理,士兵们才能尽力。为将必须要考虑最坏的因素,这样如果敌人突然进攻,才能有所防备,击败敌人。"

张弘范谨遵父亲教诲,围困李璮的大本营济南(今山东省济南市)之时,李璮进攻各支蒙古军队,唯独没有攻击张弘范的军队。张弘范丝毫不懈怠,组织士卒挖掘战壕陷坑,做好充分准备,果然大破李璮突袭的军队。

李璮之乱平定后,元世祖认为叛乱爆发的原因是将领拥兵自重,于是收回地方将领的兵权,张弘范也被罢免。

两年后,张弘范成为禁卫军的一员,得到元世祖召见。元世祖想到他在平定叛乱时的卓越表现,任命他为顺天路(今河北省中部)行军总管,佩戴金虎符,一年后将他调至大名(今河北省大名县)。

这一年,大名遭遇洪灾,张弘范未经请示,减免了百姓的赋税,被官员弹劾。面对元世祖的质问,张弘范回答道:"现在地方遭遇洪灾,颗粒无收,还要征收赋税,百姓饿死了,以后还怎么收税?如果能让百姓活下去,每年

元史·张弘范列传

都有稳定的税收,这才是国家的大仓库。"元世祖夸奖张弘范识大体,对他更加信任。

元世祖平定内部动乱,稳定局势后,再次发动灭宋战争,双方在襄阳城(今湖北省襄阳市)鏖(áo)战了几年,始终攻克不下。

元世祖派张弘范前往,张弘范建议主帅伯颜先切断宋军的粮道,并将襄阳、樊城分割包围,各个击破,最终成功攻占襄阳,宋朝的门户就此大开。

1274年,张弘范跟随主帅伯颜征战,仅用两年就占领了临安城(今浙江省杭州市),宋恭帝投降。

宋朝残余势力在将领张世杰的带领下,拥立赵昺(bǐng)为帝,是为宋少帝。广东、福建各地纷纷响应,继续抵抗元军。元世祖任命张弘范为元帅,彻底灭亡宋朝。

张弘范知道自己身为汉人,统率骄横的蒙古军队非常困难,于是请辞。元世祖清楚他的顾忌,说:"当年你的父亲和蒙古主帅意见不合,导致一场战斗失败,事后,你的父亲认为是号令不一导致的结果,非常后悔,你难道也想像你的父亲那样后悔吗?"为了确立张弘范在军中的地位,元世祖御赐他一柄宝剑,如有不从命的人,可以先斩后奏。

得到元世祖的完全信任后,张弘范带兵南下,军队所

▲ 张弘范指挥崖山海战

向披靡，一直攻打到广东沿海。元军和宋军在崖山（今广东省江门市新会区境内）对峙，两军间隔不过一里。

手下将领看到宋军战船很多，建议用火炮击毁战船。张弘范认为使用火炮会使宋军四散逃跑，不能达到全歼敌军的目的，下令乐师奏乐。

宋军听到元军军营中响起音乐，以为正在宴饮作乐，便放松了戒备，却不知元军已经慢慢靠近。张弘范接着下令，听到鸣金声，立刻进军，未鸣金先进军者立斩。

等到元军已经集结到宋军附近，张弘范鸣金进攻，宋军全军覆没，大臣陆秀夫抱着宋少帝投海自尽，南宋彻底灭亡。张弘范在崖山之石上刻石记功而返。

张弘范灭宋后回到大都（今北京市），途中染病，第二年因病去世，终年四十三岁。

经典原文与译文

【原文】十二年五月，帝遣使谕丞相毋轻敌贪进，方暑，其少驻以待。弘范进曰："圣恩待士卒诚厚，然缓急之宜，非可遥度。今敌已夺气，正当乘破竹之势，取之无遗策矣。岂宜迂缓，使敌得为计耶？"——摘自《元史·卷一百五十六》

【译文】元世祖至元十二年五月，皇帝派遣使者告谕丞相伯颜，不要轻视敌人，贪功进军，当时天气正热，应该短暂停留，等待时机。张弘范进言："圣上对待士卒确实非常宽厚，这是圣上的恩泽，但是进军是缓是急，不可以在远方揣度。如今敌人已经丧失了勇气，正应该利用势如破竹的气势来攻取敌军而不会失策。怎么可以拘泥于缓攻，让敌人有时间想出对策呢？"

二十四史马上读，语文历史都进步

 词语积累

势如破竹：势，势头。局势就像劈开竹子一样，劈开上头几个节，下面各节顺着刀口就裂开了。形容战斗或者工作顺利，没有受到阻碍。

唇齿相依：像嘴唇和牙齿一样相互依存。比喻双方相互依存，关系密切。

刘秉忠列传

> 刘秉忠（1216—1274年），初名刘侃，字仲晦，号藏春散人，法名子聪，邢州（今河北省邢台市）人，大蒙古国至元朝初年政治家、文学家。

◎ 心怀天下的一代国士

刘秉忠是官宦子弟，他的曾祖父在邢州任职，自此在这里落户，家族在地方很有影响力。

金朝末年，蒙古大将木华黎占领邢州，刘秉忠的父亲投降蒙古，担任本地地方官，但蒙古人对汉人有所戒备，年仅十三岁的刘秉忠成为元帅府人质。几年后，刘秉忠离开元帅府，依旧在邢州担任小官，奉养父母。

刘秉忠自幼聪明，学识渊博，没有用武之地，经常闷闷不乐。有一天，他将毛笔扔到地上，长叹一声："我家历代都是高官，我怎么甘心当一个小吏呢？男子汉大丈夫，怀才不遇，干脆避世隐居。"于是弃官而走，来到武安县（今河北省武安市）的山中隐居。

过了很久，一个僧院的禅师派遣徒弟招揽刘秉忠，他便皈依佛教，法号子聪。后来云游至云中（今山西省大同市）隐居。

元世祖在没有当皇帝之前，对佛教很感兴趣，请禅宗名僧海云禅师论道，海云禅师路过云中，听闻刘秉忠才学不凡，邀请他一同拜见元世祖。

元世祖和刘秉忠谈论佛法，大为惊奇，经常请教他。刘秉忠曾深入研究《易经》，天文地理、律历占卜之术无不精通，对天下大事了如指掌，元世祖便留下他担任幕僚，随时咨询时局。

为了报答元世祖的知遇之恩，刘秉忠尽心竭力，他认为元朝可以在马上得天下，但绝不能在马上治天下，前后上书多达几十万字，其中包含：辅佐宪宗、考核百官、教化百姓、推崇儒学、兴办学校、广开言路、抚恤孤弱、劝课农桑、减轻赋税、规范法度等多个方面。元世祖全部采纳。

刘秉忠先后跟随元世祖征战大理和南宋，不厌其烦地说："天地有好生之德，真正的王者，从来都不喜欢杀戮。"

▲ 刘秉忠与忽必烈谈论天下大事

在刘秉忠的建言下，元世祖命令各将制作大旗，写上"止杀"两字，禁止军队妄杀。此后，蒙古军队很少再有屠城的行为，很多百姓免遭荼毒。

元世祖继位后，刘秉忠依然身穿旧衣辅佐。朝中大臣觉得不合适，上奏说："刘秉忠一直是陛下的幕僚，尽忠职守，运筹帷幄，定天下大计，功劳很大，希望给予他官职。"

元世祖看罢奏章，当天授予刘秉忠高官，并将翰林学士的女儿许配给他。

刘秉忠受任之后,以天下为己任,事情不分大小,知无不言,言无不尽,他推荐的人才,后来都成为名臣。

有一次,禁军将领奏请将京城附近的土地改为牧场养马,元世祖同意了,皇后觉得不妥,想要谏止,担心元世祖不会同意,便故意责备刘秉忠说:"皇帝最听你的话,你为什么不劝阻?"

元世祖继位后,大蒙古国开始将注意力转移到如何治理国家上来,其中一项重要议题就是营建新都。刘秉忠曾经参与兴建上都(今内蒙古自治区锡林郭勒盟),于是元世祖将营建新京城的任务交给他。

刘秉忠首先考察辽朝、金朝的都城旧址,决定在燕京城(今北京市)的东北方重新设计建造一座新都城。刘秉忠从1266年开始规划,用了八年时间,建成大都,成为元帝国的首都。后世明朝、清朝的都城都是在大都的基础上兴建的。

在如火如荼地建设大都之时,刘秉忠还负责订立朝廷礼仪,制定官制等,成为后来的定制;又建议以《易经》"大哉乾元"为依据,将大蒙古国改为"大元",得到元世祖的认可,刘秉忠成为开元勋臣。

1274年，刘秉忠跟随元世祖巡视上都，居住在南屏山，没有任何征兆，突然端坐而死，终年五十九岁。

元世祖惊闻噩耗，对群臣说："刘秉忠忠心服侍朕三十多年，谨慎小心，不避艰难，毫无隐瞒。他深厚的学问，只有朕知道。"

经典原文与译文

【原文】 十七，为邢台节度使府令史，以养其亲。居常郁郁不乐，一日投笔叹曰："吾家累世衣冠，乃汩（gǔ）没为刀笔吏乎！丈夫不遇于世，当隐居以求志耳。"即弃去，隐武安山中。——摘自《元史·卷一百五十七》

【译文】 刘秉忠十七岁时担任邢台节度使府的令史，以此获得俸禄赡养他的父母。他平常在家时郁郁不乐，一天，他扔下笔长叹说："我家历代都是名门世族，我却要沦落成为刀笔小吏吗！大丈夫如果没有得到机遇，应该隐居不仕，以追求自己的志向。"于是即刻弃官而去，隐居在武安县的山中。

博学多才：学识广博，具备多方面的才华。

夜以继日：晚上连接着白天。形容工作或者学习日夜不停。

元史·许衡列传

许衡列传

> 许衡（1209—1281年），字仲平，号鲁斋，世称鲁斋先生，怀州河内县（今河南省焦作市）人，金末元初理学家、教育家、学者。

● 德高望重的一代大儒

许衡家族世代务农，因为战乱举家流亡到新郑县（今河南省郑州市）定居，许衡出生在这里。

许衡自幼聪明，勤奋好学，七岁时，父亲专门请老师为他传授学问。许衡问老师："学习是为了什么？"老师说："为了考取功名。"许衡遗憾地问："难道只是为了这个？"老师感到非常惊讶。

此后，每次老师讲书，许衡都追根究底地提问，学问突飞猛进。老师对他的父亲说："这个孩子将来肯定有大作为，我教不了他了。"于是辞去，如此更换了好几位老师。

二十四史马上读，语文历史都进步

　　随着年龄的增长，许衡更加嗜学，但家庭贫困没有钱买书，便经常跋涉几百里路，到外面借书、抄写，由此博览群书。当时战乱不止，许衡经常随着难民流落各地。

　　有一年夏天，他跟随众人经过一片梨园。大家饥渴难耐，纷纷摘梨吃，许衡不为所动。身边人问他为什么，许衡答道："梨子虽然没有主人，但我的心有主。"

　　经过数年的辗转流离，许衡开始在山东、河南之间来往，

▼ 许衡拒不吃梨

不时定居几年。许衡生活简朴，以身作则，道德高尚，在乡民之间传播礼法，慢慢开始有人追随。因为他学识渊博，经史、礼乐、兵刑、历法、食货、水利，无所不精，很多人前来求学。

许衡以天下为己任，常说："国家不能一天没有纲常，如果朝廷不实行，那么，我就要在民间把纲常树立起来。"

元世祖奉命安抚秦中（今陕西省中部），急需名儒教化士子，听说了许衡的名声，请他入秦。大家听说许衡要来，无不欢欣鼓舞，从者云集。

许衡在秦中广建学校，教化大盛。等到许衡奉命离开时，当地学者一直送到潼关（今陕西省潼关县）才返回。

元世祖继位后，确定以儒治国的方针，但宰相王文统主张以利为先。元世祖要应对阿里不哥的反叛，需要王文统提供后勤保障，因此，以利为先的方针一度占据上风。元世祖将许衡等人封为高官，却远离朝政，心灰意冷的许衡称病离开官场。

几年后，元世祖平定了内乱，再次选择以儒治国，将许衡召回京城，辅佐丞相处理国家大事。许衡上书元世祖，提出推行汉制，确立纲常礼仪，发展教育，教化百姓等建议，得到认可，马上付诸实施。看到朝廷礼仪威严，各级官职相互统属，井然有序，元世祖非常高兴。

许衡的变革触犯了很多蒙古权臣的利益。丞相阿合马统领六部,权势很大,许多大臣都奉承他,只有许衡坚持原则,一点不退让。

元世祖心中偏向阿合马,问许衡说:"阿合马提出很多要求,你都不同意,你难道认为他想谋反吗?"许衡答道:"他虽然没有谋反之心,却有谋反的作为。"从此,阿合马暗中记恨许衡。

许衡屡次列出阿合马擅权不法的证据,都石沉大海,他心中失望,于是告病远离权力核心。元世祖一直想兴办最高学府太学,在许衡告病不到一年后,再次任命他为集贤大学士,兼任国子祭酒,主持兴办太学事宜。

许衡得到诏令后非常高兴,说道:"这才是我的工作呀,现在国人淳朴专一,如果能够找到有潜质的人进行教育,一定能为国家积累大量人才。"他招来十二个优秀学生,作为伴读,又设置学斋,为每个学斋任命斋长,以完善教育体系。

当时进入太学的弟子都很年幼,许衡像对待成人一样对待他们,像爱护子女一样爱护他们,又像君臣一样严格教导,久而久之,每个人都变得尊师敬业。

元朝占领中原地区之后,沿用金朝施行的《大明历》,但《大明历》已经用了一百多年,不够精确。许衡精通天文历法，主管太史院，负责制定律历，与天文学家郭守敬等人，经过仔细观测，精密计算，剔除旧历的错误，历时四年多，制定了新历法。元世祖赐名"授时历"，颁行全国。

新历法颁行之后，许衡已经年过七旬，身体日渐衰弱，于是告老还乡。

一年后，许衡病重，又到了祭祀祖先的时候，他拖着病体说："我只要一天不死，就要按照礼仪祭祀祖先。"祭祀结束后，许衡在家中病逝，终年七十三岁。

许衡死后，怀州百姓无论贵贱少长，都来到家中痛哭祭拜，天下有学之士，看到讣（fù）文，无不痛哭流涕，有很多人走了数千里，来到许衡墓前祭拜。元成宗即位后，追赐他文臣的最高谥号"文正"。

经典原文与译文

【原文】尝暑中过河阳，渴甚，道有梨，众争取啖（dàn）之，衡独危坐树下自若。或问之，曰："非其有而取之，不可也。"人曰："世乱，此无主。"曰："梨无主，吾心独无主乎？"——摘自《元史·卷一百五十八》

【译文】 许衡曾经与其他人在夏天路过河阳县,非常渴,道路旁边有梨树,众人争相摘梨吃,唯独许衡在梨树下自然地端坐。有人问他为什么不摘梨吃,他说:"这不是我的梨却要拿,不可以。"别人说:"现在是乱世,梨子没有主人。"许衡说:"梨子没有主人,我的心难道没有主人吗?"

身体力行:身,亲身;体,体验。亲身体验,努力实践。

患得患失:患,担心。害怕得不到,得到了又害怕失去。比喻把得失看得太重。

郭守敬列传

> 郭守敬（1231—1316年），字若思，邢州邢台县（今河北省邢台市信都区），元代著名天文学家、数学家、水利学家。

● 实践出真知的科学家

郭守敬由祖父郭荣抚养成人，从小就与众不同，不喜欢和同龄人嬉戏打闹。郭荣精通天文、数学和水利工程，是当时较有名望的学者，与元世祖的重要谋士刘秉忠是好友。

在祖父的影响下，郭守敬对实用科学很感兴趣。刘秉忠因为父亲去世在家守孝，郭守敬便拜他为师，学到了很多实用的知识，动手能力很强。

十五岁时，郭守敬看到一张北宋时期流传下来的比较先进的计时器莲花漏拓本，经过研究，了解了其工作原理，复原了已经失传的莲花漏,并将莲花装饰设计为宝山形,称之为宝山漏。

郭守敬长大后,奉命协助邢台(今河北省邢台市)地方官调查水利河道事务。他运用学到的理论知识,加上踏实的勘探测量,恢复了因战乱而废弃的河道沟渠,在当地声名鹊起,得到大文豪元好问的赞扬。

元世祖继位后,郭守敬在另一个老师张文谦的推荐下,受到皇帝召见。郭守敬提出了六条关于水利工程的建议,每一条都能让国家获利。

元世祖大为赞叹,说:"如果天下官员都能像郭守敬一样,还有什么尸位素餐呢?"于是命令他主管全国的河渠修治和管理。

郭守敬在任职的第三年,代表朝廷来到西夏勘察河道沟渠。他发挥专长,因地制宜,重新设计修复闸门堰坝,因战乱而破坏的水利工程尽数恢复,灌溉九万顷良田。百姓们对郭守敬感恩戴德,纷纷修建生祠,纪念他的功劳。

在随后的几年里,郭守敬一直主管水利工程,足迹遍布各地,不断建立水文站,观测水利工程以及河流的情况,并且通过疏浚河道,研究舟船行驶线路,支援宰相伯颜的灭宋战争。

宋朝灭亡后,元世祖遵照刘秉忠生前的建议,让大学者许衡主管太史院，由郭守敬辅助，开始编撰新历法。

郭守敬认为，要想编制准确的历法，必须有观测数据，而观测数据来自足够精密的仪器。此后，郭守敬动手设计、制造了一批天文仪器，如简仪、浑天象、玲珑仪、立运仪、日月食仪、星晷（guǐ）定时仪等总共十多件，其中不乏便携式仪器，可以带到野外观测。

此外，郭守敬主张"四海测验"，即在全国各地设置了二十七处天文观测点，东起朝鲜半岛，西至河西走廊，西南到四川省、云南省，南至黄岩岛（今属海南省三沙市中沙群岛），北至西伯利亚。

郭守敬拟定的观测内容之多，组织的观测人员之众，测量精度之高，地域之广，在世界天文史上都是空前的，比西方早了六百多年。这些努力为新历法的编制提供了准确的数据支持。

经过四年多的努力，《授时历》编制成功并颁布实施。《授时历》推算出的回归年与实际差距仅二十六秒，和今天通用的阳历周期一致，这种精确的推算比西方早了三百多年。

郭守敬还精确了冬至日、夏至日的具体时刻。他还有许多新发现，包括黄赤交角、太阳月亮的运行轨迹等，都和现代的观测结果极为接近。元朝灭亡后，明朝继续延用

▲ 郭守敬编写《授时历》

《授时历》，它成为我国历史上使用时间最长的历法。

1281年，郭守敬的直属上级许衡去世，他承担起太史院的所有工作，整理编撰出《推方》《立成》等多部著作，几年后被任命为太史令。

郭守敬晚年依然致力于水利工程建设，组织开凿通惠河，通过漕运节约了大量人力物力。元成宗即位后，朝廷要在上都（今内蒙古自治区锡林郭勒盟）西北的山岭里开凿一条泄洪渠。郭守敬根据当地的地势和历年山洪材料，建议渠宽为五十至七十步，主管官员不听，将宽度缩减了三分之一。当年发了一场洪水,因为渠道太窄,洪水泛滥成灾,几乎淹到了元成宗的临时宫殿,元成宗这才后悔地说:"郭守敬真是神人,可惜没有用他的办法。"自此更加信任他。

按照惯例,官员年满七十岁可以退休。郭守敬按惯例申请退休,元成宗下诏挽留,并要求太史院的天文官都不退休,这后来成为元朝的定制。

1316年,郭守敬在工作岗位上病逝,终年八十六岁。为了纪念郭守敬,国际天文学会将月球背面的一座环形山命名为"郭守敬环形山",国际小行星中心将小行星2012命名为"郭守敬小行星",中国科学院国家天文台的望远镜被命名为"郭守敬望远镜"。

经典原文与译文

【原文】大德二年,召守敬至上都,议开铁幡竿渠,守敬奏:"山水频年暴下,非大为渠堰,广五七十步不可。"执政吝于工费,以其言为过,缩其广三之一。明年大雨,山水注下,渠不能容,漂没人畜庐帐,几犯行殿。——摘自《元史·卷一百六十四》

【译文】元成宗大德二年,皇帝召郭守敬来到上都,讨论开凿铁幡竿渠。郭守敬上书道:"山洪连年猛烈冲下,沟渠堰坝一定要很宽,宽度必须达到五十到七十步。"执政大臣吝啬施工费用,认为他言过其实,将宽度缩减了三分之一。第二年大雨,山洪冲了下来,沟渠不能容纳洪水,洪水淹没了人畜帐篷,几乎冲到了皇帝的临时宫殿。

不可胜记: 记,记录。无法逐一记述。形容非常多。

尸位素餐: 尸位,空占着位子;素餐,白吃闲饭。比喻占着职位不做事,也用作没有尽到责任的自谦之词。

赵孟頫列传

> 赵孟頫（fǔ）（1254—1322年），字子昂，号松雪道人，湖州吴兴县（今浙江省湖州市）人，宋末元初著名书法家、画家、诗人。

❖ 书画双绝的皇室后裔

赵孟頫是宋太祖的第十一世孙、秦王赵德芳的嫡系后裔，其祖辈都在赵宋王朝担任高官。

赵孟頫自幼聪明，读书过目不忘，做文章下笔千言，写作运笔如风。他在十四岁时获得补官资格，在地方当了一个掌管户籍的小官。宋朝灭亡后，他专心学业，隐居长达十年。

元世祖安定天下后，下诏在江南寻访有才能的遗老旧臣，一共访得二十多人，赵孟頫名列首位。

元世祖看到赵孟頫神采飞扬，非常喜爱，让他坐在左丞相的上手位,以示尊崇。群臣认为赵孟頫是宋朝皇室后裔,担心他有异心,劝说皇帝不要将他安排在身边,元世祖没有理睬。

当时,元朝刚刚设立尚书省,元世祖命令赵孟頫起草诏书,向天下颁布此事。元世祖看完诏书,高兴地说:"说出了朕的心里话。"

朝廷为了震慑贪腐行为,商议所有贪污纸币满两百贯就要被处死。赵孟頫说:"纸币的价值涨跌不定,二十年前,因为原来的纸币贬值,所以改成现在的纸币,谁能保证以后不贬值?米和绢帛是民间必需品,更加保值,确定贪腐标准更加合理。以纸币为标准会导致处罚过重。"

有的官员认为赵孟頫年轻,又是南方人,责备他说:"现在国家发行纸币,你认为国家的政策错了吗?"赵孟頫丝毫不退让,说:"刑法关系到人命,我今天奉诏讨论,不敢不直言。你不讲道理,想要以势压人吗?"这个人哑口无言。元世祖想要重用赵孟頫,但被许多人阻止。

元世祖执政后期,任用桑哥为丞相。桑哥为人贪暴,派遣亲信官员征收天下钱粮,得到了数百万,还有几千万没有收上来。官员们不断压榨百姓,很多人自杀或者逃遁到山林中,朝中官员畏惧桑哥的权势,不敢提出异议。

这一年,京城遭遇大地震,几十万人死伤,元世祖认为这是上天的惩罚，十分着急，责令官员上书言事。赵孟頫抓住机会，找到和自己关系好的高官，希望他劝谏皇帝，减免赋税。

诏书起草好之后，桑哥大怒，赵孟頫不慌不忙地说："现在钱粮没有征调到位，百姓已经死亡殆尽，还从哪里找钱粮呢？如果不及时免除赋税，到时候查出这几千万的亏空，都是丞相的责任。"桑哥恍然大悟，同意减免所有赋税。

不久，元世祖当着赵孟頫的面，谴责南宋奸相贾似道擅权误国，而同朝为臣的留梦炎不敢指责，眼见南宋将亡，便主动投降元朝。

赵孟頫心有所感，退朝后对大臣彻里说："陛下对留梦炎当年不曾指责贾似道深感不满，如今在朝堂，桑哥的罪责远大于贾似道，我们身为近臣，怎么能一言不发。我是汉人，你却是陛下最信任的臣子，这件事非你莫属！"彻里果然挺身而出，揭发桑哥。

元世祖大怒，将彻里打得口鼻出血，彻里毫不屈服，其他大臣也相继指责桑哥，元世祖终于查清了真相，斩杀了桑哥。

赵孟頫在元世祖身边多年，虽然不曾握有实权，但地位尊崇。他担心遭受其他人的嫉妒，主动离朝，担任了十

▲ 赵孟頫写《孝经》

多年的地方官，直到元武宗末年才回到朝廷。

元仁宗即位后，将他比作唐代的李白、宋代的苏轼，对他恩宠有加。元英宗即位后，派使者请他在家中撰写《孝经》。次年，赵孟頫病逝，终年六十九岁。

赵孟頫作为宋朝皇室后裔，在元朝为官三十多年，地位尊崇，却没有掌握过实权。做官之余，他寄情于书法绘画，成为一代书画大家。

赵孟頫是元朝最著名的书法家，尤其善于楷书，他自创的"赵体"独树一帜，后世将他和唐朝的欧阳询、颜真卿、柳公权并称为"楷书四大家"。

赵孟頫的绘画成就也很高，被誉为"元人冠冕"。他提出"作画贵有古意"的主张，改变了宋朝绘画工艳烦琐的风格，趋向于自然淳朴；又提出"书画本来同"的口号，将书法的精华融入绘画，让绘画变得诗意化、书法化，开创了明代文人画主流。

赵孟頫提出的绘画理论确立了元朝书画艺术的审美标准，对后世产生了极大影响。此外，赵孟頫在文学、经学、音律、金石等领域，也都有杰出的建树。

经典原文与译文

【原文】帝问："汝赵太祖孙耶？太宗孙耶？"对曰："臣太祖十一世孙。"帝曰："太祖行事，汝知之乎？"孟頫谢不知，帝曰："太祖行事，多可取者，朕皆知之。"孟頫自念，久在上侧，必为人所忌，力请补外。——摘自《元史·卷一百七十二》

【译文】元世祖问："你是宋太祖的子孙吗？还是宋太宗的子孙呢？"赵孟頫回答说："臣是宋太祖的十一世

孙。"元世祖说:"宋太祖的事迹你知道吗?"赵孟頫谢罪说不知道,元世祖说:"宋太祖的事迹有很多可取之处,朕都知道。"赵孟頫想到自己长期在皇帝身边,必定被人嫉妒,便极力请求出朝担任地方官。

不胜其扰:胜,经受。不能承受他人的不断打扰。

博学多闻:闻,见闻。学识广博,见识丰富。